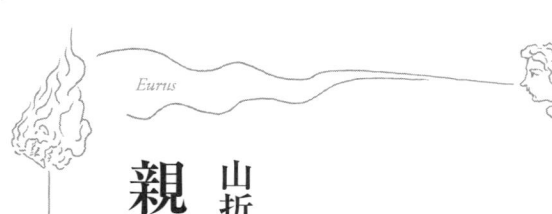

親鸞をよむ

山折哲雄
Tetsuo Yamaori

岩波新書
1096

目次

目　次

〔各章出典一覧〕

序章、第七章　書き下ろし

第一章　原題：「京都を出て京都に帰った親鸞」　上田正昭監修、芳賀徹・冨士谷あつ子編『京都学を学ぶ人のために』世界思想社、二〇〇二

第二章　原題：「洛中の地名に想う」　日本歴史学会編集『日本歴史』吉川弘文館、二〇〇四、一月号

第三章　原題：「「環日本海」の原風景──親鸞と日蓮」　小泉格編『日本海学の新世紀3　循環する海と森』角川学芸出版、二〇〇三

第四章　原題：「清沢満之と「歎異抄」」『清沢満之全集』月報8、岩波書店、二〇〇三
原題：「清沢満之という生き方」『図書』岩波書店、二〇〇三、七号

第五章　原題：「親鸞における「内なる天皇制」」　山折哲雄『天皇の宗教的権威とは何か』河出書房新社、一九九〇

第六章　原題：「日本思想史のもっとも戦慄すべき瞬間」　中公クラシックス『歎異抄・教行信証Ⅰ』解説、中央公論新社、二〇〇三

収録に際し、それぞれについて加筆を行なった。

序章　ひとりで立つ親鸞

親鸞を「頭」で読んでいた

親鸞を読む、ということでいえば、もう半世紀以上が経つ。ずいぶん、長い時間が経ったものだと思う。

机の前で、旅のなかで、読んできた。病の床、鄙《ひな》びた湯治場の片隅で、読んできた。教室やセミナーの場で、若い人たちとともに読んできた。長い、長い時間だけは、たしかに流れていった。今からふり返れば、途方もなく長い時間のようにも思える。

親鸞を読んでいて、霧が晴れるように世界の見通しがよくなることがあった。だが、人の世の暗闇がますます深くなり、ひとり不安と葛藤《かっとう》にかられることもあった。

しかし、今にしてはっと思うのであるが、長いあいだ親鸞を読みつづけてきて、実は頭で読んでいるにすぎなかったことに気がついた。すっかり頭で読む癖がついてしまっていた。テキストにかじりついて、頭で読んでいたのである。

そのうち、親鸞の顔の表情が気になりだした。かれの足腰の動きに惹きつけられるようになった。その上半身から立ち昇る汗の匂いを嗅ぎ、胸の奥からきこえてくる心臓の鼓動に耳を澄ますようになった。

そんなときだった。ふと、親鸞は日常生活のなかでどんなことを感じながら生きていたのだろうか、と思うようになった。関心がそちらのほうに、ぐんぐん移動しはじめていたのである。それまでは、かれが何を考えながら生きていたのか、その思考の方面にばかり頭を突っこんで右往左往していた。そんな自分の姿が見えてきたのだといってもいい。

親鸞をよむ読み方に、わたしなりの転機が訪れたのである。頭で読むことから、からだでよむことへの転機である。

「からだ」でよむ親鸞

そのうち、布教や旅のなかで歩いている親鸞の姿が浮かんできた。村のなかへ入っていく親鸞、町のなかを急ぎ足で歩いている親鸞である。比叡山の茂みに分け入り、ひたすら這いのぼっていく親鸞。やがてその山を降り、流罪にあって舟にのせられ、荒海のなかを運ばれていく親鸞が、眼前に彷彿《ほうふつ》としてくる。深夜、眠れずに考えつづけている親鸞もいる。念仏とは何か、カミとは、ホトケとは何か。浄土とは、地獄とは何か、に熱中し、両眼をらんらんと輝かせている親鸞がそこにいた。

その思索のあとを、親鸞は弟子たちの前にそのままぶつけていったのではないだろうか。一つひとつのテーマをめぐって対論がはじまり、批判の応酬に火がついたにちがいない。同意する者、反論する者が並び立つ。そんな対論の姿を、やがて家に帰った親鸞が家族たちの前で披露している光景までが目に浮かぶ。妻や息子や娘たちを呼び寄せて、言葉を重ねている。ときに思いのたけをぶちまけて、激してくる。そのような親鸞を妻や家族たちは、どのように見ていたのか。夫である親鸞、父親である親鸞に、いったいどのような視線を向けていたのか。

親鸞をからだでよむ、親鸞をからだの血流を通してよむ、という命題を立ててみるほかはないだろうと思うようになった。しかし、そんなことがはたしてできるのか。むろんそのことに自信があったわけではない。ただ、さきにふれたように親鸞という存在は頭で読んでいるかぎりわかるものではない、と思うようになっただけだ。第一、九十年という人生を全うした親鸞のような人間に対するとき、頭で読むことに自己を限定するような態度ほど失礼千万な話はないではないか。

妻・恵信尼にきく　4

このような親鸞のよみ方に眼を開かれたとき、そのもっとも重要な研究上の相談相手が親鸞の妻・恵信尼《えしんに》であることに気がついた。恵信尼の生活を通して親鸞という存在に近づくことはできないか。親鸞という人間の息吹きにふれることはできないか。「恵信尼文書」と称される貴重な文献がにわかに浮上してきたのである。

恵信尼にきく、恵信尼の言葉をきく、——そのことを通して親鸞をよむ、親鸞をよみ直すのだ。——そういう内心の声がきこえてきたのである。その声がしだいにわたしの背中を押し、わたしのからだを前へとつき動かすようになった。

考えてみれば、親鸞と恵信尼は夫婦であったのだから、このようなよみ方を採用するのは当然といえばあまりにも当然のことだったといわなければならない。けれどもこれまでの親鸞についての多くの記述は、かならずしもそうはなっていなかったようである。

親鸞と恵信尼の二人の関係を、親鸞をよむ方法の基軸にすえたとき、いったい何がみえてくるか。それが本書を構想したときの、もう一つの主題だった。その思いをまがりなりにも形にしてみたのが、本書の掉尾に置いた「恵信尼にきく」の一篇である。

そのようなわけで、本書の叙述の流れははじめから、親鸞のテキストや伝記を中心にすえる体系的な記述とは異質なものになっている。むしろそういう世界からいかにして脱出するか、そのような読み方からいかにして足を洗って親鸞その人と対面するか、――本書の叙述は、そのように考えて試行錯誤をくり返してきたわたし自身の思考実験のあとなのである。

二つの補助線をひく

さらに、この序文的な章につけ加えて記しておきたいことが二つある。さきにわたしは、本書では、親鸞を頭で読むことから「からだ」でよむことへの転換をめざしたという意味のことを述べたが、そのことにかかわる二つの事項である。

まず第一が、「親鸞をからだでよむ」ことについてである。わたしがその問題意識を持つにいたったのは、ずいぶん以前のことになるが、親鸞の肖像画に描かれたかれの表情に接して衝撃をうけ、つよい関心を抱いたからだった。

もう一つの事項というのが、「親鸞を頭で読む」ことにかかわる問題である。今にして思うのであるが、親鸞を頭で読むことのわたしにおける忘れがたい経験は、いわゆる鎌倉時代の「宗教改革」論の中に登場してくる親鸞の像をめぐるものであった。親鸞は日本における宗教改革の輝かしい先導者であった、という命題である。わたしはやがてそのような理論や解釈が何のいわれも証拠もないことに気がつくようになった。それが「親鸞を頭で読む」ことからくる虚妄の一つであることを実感するようになったのである。

そういうわけで、この序文的な章においては、右の二つの事項についてのコメントを付して、本書を読みすすめていただくための補助線にしようと思う。

「鏡の御影」をめぐって

まずはじめに、親鸞の顔について。親鸞には知られているように「鏡御影《かがみのごえい》」(鏡の御影)という肖像画がのこされ、現在は国宝になっている。その顔をじっと見つめていると、三つの特徴が浮かび上ってくる。

親鸞像(「鏡御影」), 西本願寺蔵

第一に、その両の頬骨が強く、高く張っているという特徴である。頬が削ぎ落とされているといってもいい。だがそこに肉の厚みが付加されたとしても、その両頬の鋭い張りはおそらく消え失せることはないだろう。

第二に、顔面の中央にある鼻の穴が大きく、しかもやや上を向いているという特徴を指摘しないわけにはいかない。がっしりした不敵な鼻梁をなしているが、けっして鼻筋の通ったというような鼻ではない。

第三に印象づけられるのは、その上下の唇の分厚さという点である。堅く閉じられている口元の幅は大きく横にのび、ひきしまった肉の盛り上りをみせている。

高く張った頬骨、上を向き加減の力強い鼻孔、そして肉の盛り上った両唇、という顔面のディテールに視線をこらすとき、わたしはいつも親鸞という人間の肌の毛穴から、なにやらデモーニッシュな妖気が噴き上げてくるような錯覚にとらわれる。それはもはや貴族の顔などというものではないだろう。かといって、むろんたんなる悩める知識人や思想家の顔といったものでもない。ならば、いっそ人生の風雪に耐え抜いた念仏僧の顔とでもいえばいいであろうか。だが、そんな常套の言葉が何事も語らないだろうことはいまさらいうまでもない。親鸞が「鏡の御影」を通してみせている本体は、おそらくいま述べたようないずれの「顔」ともつながるようなものではないにちがいない。あえていえば、そのいずれの顔をも包含してしまったような、一種複雑な顔になっているというほかはないのである。

右にあげた三つの特徴を、一つの統一的で個性的な表情にまで昇華させているものが、鋭くななめ前方をみつめている眼の光である。小さな、細い眼といってもいいかもしれない。しかし、ひたと対象をとらえるその視線の直接的な強さが、はね上がるように引かれた太い眉とともに、その顔全体に近寄りがたい威厳を与えている。

「月見の御影」の道元

この親鸞の「鏡の御影」をみていていつもわたしが想いおこすのが、道元を描いた「月見《つきみ》の御影《みえい》」である。福井県の宝慶寺《ほうきょうじ》に伝えられたもので、その自賛から道元五十歳のときの画像であることがはっきりしている。

「道元禅師観月像」(「月見の御影」), 宝慶寺蔵

この「月見の御影」をよくみると、その描き方が写実的なタッチでつらぬかれている点で、親鸞の「鏡の御影」の場合と実によく似ていることに驚かされる。が、それにもましてわたしがつよく関心をひきつけられるのは、その顔容の表現についてである。もういちど、「月見の御影」にあらわれる道元の表情に視

線をこらしてみよう。まず、両の頬が高く張っているのがいやでも目にとびこんでくる。ついで、鼻が横に張っていて、大きな鼻孔がくっきり描きこまれていることに気づかされる。そして最後に、肉感的な上下の厚い唇がつよく結ばれている。

この頬と鼻と唇のバランスというか組み合わせの特徴が、「鏡の御影」の親鸞の顔とまるで符節を合わせたような相似形をつくっていることに、わたしは驚かされるのである。そしてその顔貌をひとつの変更のきかない構図へと凝集させているのが、ここでもまた鋭い視線と真一文字に引かれた太い眉であることは、はなはだ興味ぶかい。

「鏡の御影」と「月見の御影」が、その顔の描写のディテールにおいてこのように似ているというのは、あるいはたんなる偶然のなせる業であるかもしれない。しかしその表情のディテールが全体として喚起している強い印象の類縁性は、おそらく時代の精神をそれが刻印しているからなのであろう。親鸞と道元における人生の切実な足跡が、その微妙に浮き彫りされている皮膚の起伏のうちに塗りこめられているにちがいない。そしてそのことを明かすひとつの指標が、顔面から胴にかけて刻みだされている肉体の表現ではないであろうか。

すなわち「月見の御影」における道元の太くがっしりした首は、そのまま胴体につながっている。それはほとんど、首の部分を欠いているといってもいい。しかしそのことによってかえって、力のみなぎった筋肉質の体格が、そのあらわになった胸元のあたりに浮き上っている。顔面と首と胴がひとつづきの筋肉となって、しなやかな律動を伝えているのである。そしてその点では、「鏡の御影」の場合でも基本的に変わりはないことに注意しよう。親鸞の立像は、道元の場合におけるようにその胸元を広げてはいないけれども、しかしその白襟の間からわずかに透けてみえる胸元が、その奥に張りのある筋肉をしのばせていることはほとんど疑いがないようにみえる。顎から喉にかけて引かれたさり気ない細線のタッチが、首と胴の間の柔軟なつながりを予想させ、ゆったりと盛り上る肩の線と数珠を持つ両手の繊細な動きが、墨染めの衣の下に隠されている上半身の鼓動を伝えているのである。

こうして「鏡の御影」と「月見の御影」が、たんにその顔面の表現においてだけでなく、その上半身の身体的な表現においても類似した手法をみせていることを、わたしは面白いと思う。「御影」における身体の細部が、その両者ではおそらく同一の観念にもとづいて追究されているのである。その意味では、この「鏡の御影」と「月見の御影」の両者を同血の肖像遺品と称しても、けっして誇張の表現ではないといっていいのではないだろうか。

日本に「宗教改革」はあったか

わたしは長いあいだ、日本に「宗教改革」が本当にあったのだろうかと、疑問に思ってきた。その後の歴史を仔細にたどっていけばいくほど、そんな光景はどこからもみえてはこないことに気がついた。

結論をさきにいってしまえば、日本の「近代」を説明するのに、「宗教改革」という言葉を持ちこむことが必要だったのではないか、ということだ。日本の歴史の流れを「西欧」式の骨組みで再編成しようとする意図がはたらいていたためである。が、結局それは虚構の上に咲いた徒花《あだばな》だった。どだい無理な注文だったというほかはない。

十三世紀の鎌倉時代こそ宗教改革の時代、という常識があることは誰でも知っている。法然や親鸞、道元や日蓮のやった仕事だ。伝統破壊、個性の発揮、平等観念の深化などという。その総仕上げとして、信仰の内面化といったスローガンがつけ加わった。それを機に「個人」の意識が芽生え、「近代的人間」の誕生が予告されたというわけだった。

ところがである。その後のわが国の歴史を追っていくと、どうしたことか法然や親鸞の思想がつぎつぎと裏切られていく道筋がみえてくる。道元や日蓮がめざしたものとは逆の流れがあらわれてくる。「宗教改革」によって生みだされたはずの「近代」とか「個」の精神がみるみる色あせていく光景が、いやでも目につく。

なぜなら鎌倉時代の「改革」運動のすべては、やがて「先祖崇拝」という名のより大きな信仰の流れに呑みこまれていくからだ。法然や親鸞、道元や日蓮などの個性的な匂いが蒸発し、ご先祖様を軸とする「墓崇拝」、「骨崇拝」へと姿かたちを変えてしまったからである。その体制が国民的規模で固まったのが江戸の近世。その信仰のシステムが明治近代をへて今日に及んでいることは、もはや周知のことだ。現代日本人の「宗教ぎらいの墓好き」、「信仰ぎらいの骨好き」も、そこに由来する。とすれば、そもそも鎌倉時代には「宗教改革」など存在しなかったといってもいいはずだ。それがいいすぎならば、せめて流産したというべきではないか。

こんなことになったのは、もっぱら「宗教改革」という言葉が西欧からの輸入品だったことによる、とわたしは思っている。十六世紀のヨーロッパで、ルターやカルヴァンがキリスト教の改革を唱えて教会批判の運動をおこした。その結果、個の自立にもとづく西欧近代の社会が成立したという説である。宗教改革が近代社会を誕生させる有力な動因になったという仮説だ。よほど魅力のある思想的な輸入品だったのだろう。日本の「近代」を説明するのに、鎌倉仏教＝宗教改革運動という仮説が早速導入されることになったのである。

しかしその後の日本の歴史は、さきにもみたようにそのような経過をたどることはなかった。親鸞や道元の思想は、ルターやカルヴァンの場合とは異なって、一握りの知識人たちの頭脳のなかでしか生きのびることができなかったからだ。それに代わって先祖崇拝にもとづく墓信仰と骨信仰が、近代西欧型のそれとはまったく別種の社会システムを生みだしたからだった。西欧社会をモデルとした鎌倉仏教＝宗教改革論では、今日の日本社会の根本を説明することはできないのである。

「公」と「個」の不幸な関係

今日、その日本の社会において、公と私ということが西欧社会との対比において、よく話題となる。あれこれの公私混同が、やり玉にあげられるようなときだ。つい誰でもやりがちだから、話の種もつきない。ところがこのところ、公と個、もしくは公共と個人ということがにわかに大きくとり上げられるようになった。公共の価値と個人の自立、というように対比して用いられる。

公と私というときは、公と私は混同すべからずという禁止のメッセージが前面に立つ。これに対して公共と個人となると、その両者をどう調和させたらよいのかという懸念のメッセージが先に立つ。そのためであろう。公共の精神の強調は国家の比重を大にする、との批判がでてくる。個人の尊厳を抑圧する第一歩であるとの心配である。

他方われわれの社会では、「私」の中に閉じこもった「個人主義」の暴走が、それこそ「公共」の場においてかなり目にあまる状況になっている。公と個の関係がいつの間にか調和を乱し、不幸な関係をとり結んでしまっていたのである。どうしてそんなことになったのか。

いろいろ原因は考えられるだろうが、わたしはその一つに、戦後六十年われわれはひたすら個、個人、個性、個の自立ということをいい続けながら、その「個」の内容について具体的に問いかける努力をしてこなかったからではないか、と思っている。

考えてみるまでもなく、そもそも個とか個人とか個性という言葉は、みんな西欧からの輸入語だった。さきに問題にした「宗教改革」という言葉と同様、せいぜい明治以後百年をこえる歴史しかもたない翻訳語だった。

もちろんそのこと自体について、とやかくいうつもりはない。ただ、そのような個や個人の内容に対応するような大和言葉の系譜について、もっと思いをめぐらすことがあってもよかったのではないか。われわれはそのようなことに、ほとんど関心らしい関心を示してはこなかったのである。

「ひとり」という言葉

歴史をふり返ればただちにわかることだが、わたしはその「個」に対応するわが国の伝統的な言葉のなかに「ひとり(一人)」があったと思う。しかもその言葉がすでに千年の歴史をもっていることにも、ただちに気づかされる。なかでもよく知られている親鸞のつぎの言葉が、その歴史のなかに屹立している。

弥陀の五劫思惟《ごこうしゆい》の願をよく〱案ずれば、ひとへに親鸞一人がためなりけり。

(『歎異抄《たんにしょう》』金子大栄校注。以下、親鸞のテキストは、基本的に岩波文庫による)

阿弥陀如来による、たった一人の救済を確信している親鸞が、そこにいる。そしてもう一つ、かれには後世にのこす次のような鮮やかなメッセージが知られている。

親鸞は弟子一人ももたずさふらふ。（同）

この親鸞の口からほとばしりでたであろう「一人」の言葉を、その前後にひろがる千年の歴史の茂みのなかに探っていけば、われわれは、たとえば次のような「ひとり」に出会うことになるだろう。

あしひきの山鳥の尾のしだり尾の
　長ながし夜をひとりかも寝む（柿本人麻呂）

咳《せき》をしても一人（尾崎放哉《おざきほうさい》）

鴉啼《からすな》いてわたしも一人（種田山頭火《たねださんとうか》）

虚子一人銀河と共に西へ行く（高浜虚子）

ここからだけでも、「ひとり」という大和言葉が万葉以降の歴史をつらぬいて、じつに豊かで含蓄のある文脈のなかで用いられてきたということがわかるだろう。孤愁のひとり寝を楽しんでいる人麻呂が、そこにいる。結核を病み、死を目前にして、卑小な個我を自然のなかに解き放っている放哉、その放哉の句に思わずわが膝を叩くような気分で反応している山頭火、そしてほとんどわれ一人天を行くといっているかのような豪胆な虚子が、そこで生き生きと呼吸している。

思想の内実をとらえるために

われわれはこの戦後の六十年、あまりにも個、個、個……とばかりいいつづけてきたのではないだろうか。個の内実を検討することなく、ただ個性、個の自立と叫びつづけてきたのではないか。個という外来語を鍛え上げるためにも必要だった大和言葉「ひとり」の探求を、ほとんど忘れ去ってきたとしか思えないのである。そして、もしかしたらそのことこそが、さきに論じたように鎌倉仏教＝宗教改革論が結局は虚妄の仮説でしかなかったことの、真の原因をなしていたのではないだろうか。「個」の思想の受容の仕方と、「宗教改革」論の導入には必然的な結びつきがあったというほかはないのである。

さて、どうしたらよいか。もちろんこのようにいったからといって、わたしはこれまでのわれわれの歴史観を全部ひっくり返してしまおうと考えているわけではない。また、そんなことができるわけもない。何よりも鎌倉仏教＝宗教改革論は、明治維新以降の日本人の意識改革にとってそれなりに重要な役割をはたしてきたからだ。かといって、それではそのような歴史観が日本人のアイデンティティの根拠を十分に明らかにするのかといえば、必ずしもそうはいえないのである。

さて、このジレンマをどうのりこえたらよいのか。それを解決するための道筋は必ずしもみえてはいないのであるが、しかしこのような今日の状況においてこそ、新たな「宗教改革」の論議がわれわれにとって必要になっているのではないかと思う。

本書において改めて、「親鸞をからだでよむ」ことにこだわりつづけていこうと考えているのもそのためである。

第一章　歩く親鸞、書く親鸞

――ブッダとともに――

親鸞九十年、ブッダ八十年

よくぞ、長寿を全うしたものだと思う。どうしてそんなことが可能だったのか。不思議な運命と思わないわけにはいかない。

親鸞のことである。九十歳まで生き抜いた親鸞のことである。

それは戦乱の時代だった。人と人とが日常的に殺し合う時代だった。だから、おそらく飢餓の世紀でもあったのだろう。飢えて死ぬ人間が続出し、遺体がそのまま放置される、そういう時代だったにちがいない。

人災のほかに、むろん天災も襲ってきた。地が割れ、山が崩れ、川が氾濫した。家屋が押し流され、人間が生き埋めになった。

親鸞が生きた十三世紀という時代がそういう時代だった。だからこそ、九十歳までよくぞ生きたものだと思う。生き抜いたといってもいい。生き残ったといってもいい。強靭な肉体の耐久性がまぶしいくらいだ。しなやかな耐久性である。そしてそのカモシカのように柔軟な足腰に宿った精神のバネが、この人間の全体の中心をつらぬいている。

このような親鸞の九十年に匹敵するのは、わずかにブッダの八十年ではないだろうか。おそらくブッダの八十年しかないだろう。しかも親鸞の九十年はブッダの八十年を十年も上回っている。この十年の差はいかにも大きい。いや、その十年の落差は途方もなく大きい。

その差は、いったいどこからきているのか。それがよくわからない。それを客観的にはかる尺度などどこにもないだろう。しかしながら、それはそうであるけれども、ふと思いつくことがないわけではない。九十年と八十年の違いについて、その違いの意味について、ある光を投げかけるものが考えられないではない。その二人における体験の違いである。

歩いた距離、旅した道

具体的にいうと、ブッダがその生涯に自分の足で歩いた遍歴遊行の距離である。同じように親鸞が異国の土地を歩いた距離である。その距離の比較が、二人の寿命の落差について何ごとかを語ってはいないだろうか。

ブッダはインドとネパールの国境《くにざかい》にあるルンビニーで誕生したとされる。そこは今日ネパール側に位置する。その地から南下してガンジス川中流域にいたり、今日のラージギル、ヴァーラナシ、そしてブダガヤなどで伝道活動をした。その間、片道で約五百キロである。終焉の地クシナガラは、ガンジス中流域と生誕地ルンビニーの北方寄り中間点に位置している。ブッダは自分の寿命を知ったとき、ひそかに故郷のルンビニーをめざして旅をつづけていたのかもしれない。とすれば、生涯に歩いた距離は千キロに近い道のりだったのではないだろうか。

親鸞はどうだったのか。

かれは九歳のとき出家して比叡山に上り、二十年間そこで修行している。二十九歳のとき山を降り、法然の念仏門に入った。しかしやがて念仏の弾圧にあい、越後に流される。五年ほど流罪の生活を送ったあと、許されてこんどは関東をめざした。常陸の筑波山麓に移住し伝道生活に入った。弟子ができ、小教団らしいものが形成されたが、六十歳をすぎたころ、単身で京都にもどった。流罪になったときは京都から北陸経由で常陸まで、ざっと数えて千キロである。晩年の上洛への歩行も東海道を通ったとして約千キロ、往復に要した歩行距離はざっと二千キロに達するだろう。

単純きわまる比較ではあるが、ブッダの千キロにたいする親鸞の二千キロである。二人の歩行距離を並べてみると、そういうことになる。そこにみられる落差に何らかの意味をみとめるのか、みとめないのか。人によって見方はむろん異なるだろう。

だがわたしには、ブッダの人生と親鸞の人生を眼前においたとき、歴史の流れを超えて自然にみえてくる映像がある。ブッダは人生の最晩年を迎えるなかで、さきにもふれたようにその伝道活動の中心地(ガンジス中流域)から離れ、故郷のルンビニーをめざしていた。しかしその願いは達することができず、ついにクシナガラ(今日のゴラクプール)で息を引きとった。ルンビニーを目前にして力がつきたといってもいい。ときに八十の高齢に達していた。

それにたいして親鸞は、その後半生の決定的な時期に千キロの道を歩き通して京都に帰っている。そのうえなお余力をのこして、九十歳になるまでの最晩年にじつに実り豊かな作品(「和讃《わさん》」の数々)を残している。京都を発して遍歴流浪の旅に出て、ふたたびその京都の故郷の地に帰りついている。京都から京都への二千キロの旅である。京都というミヤコの、強力な磁場の働きを思わないわけにはいかない。それにくらべるとき、ブッダの往還の旅は最後にクシナガラの地で中断してしまったというほかはない。道半ばにして力尽き倒れてしまったという印象を拭いがたいのである。そのためかどうか、ブッダの生誕の地ルンビニーは、今日なおインド文明の中心地から離れた僻遠の地にある。

京都という都とルンビニーという僻遠の聖地が今日において浮かび上らせている文明の落差である。そしてさらにいえば親鸞は京都で生まれ、そこで最後の生命を燃えつきさせることができた。その九十年である。しかしながらブッダは、親鸞が享受したそのような幸運にめぐまれることがなかった。終焉の地クシナガラにおける今日の夢の跡が、そのことを暗示してはいないだろうか。

奇跡のごとき長寿

そのことはそれとして、ブッダの八十年、親鸞の九十年には圧倒される。そのような寿命の実現は、ひろく人類史というものを見渡してもまれな現象ではないだろうか。

たとえば孔子は七十三歳まで生きた。ブッダとの差が七年、親鸞との差が十七年。これにたいして老子は齢がわからない。だいいち、実在した人物なのかどうか。イスラーム教の開祖ムハンマッドは六十二歳。孔子の寿命に十年足りない。イエスにいたっては三十一歳。アッシジの聖フランシスコが四十五歳、イエズス会宣教師のフランシスコ・ザビエルが四十六歳。宗教改革のルターが六十三歳、カルヴァンが五十五歳である。日本の最澄が五十五歳、空海六十一歳、法然七十八歳とつづく。この法然だけがわずかにブッダの八十年に近い。あと、一遍は五十歳、道元五十三歳、そして日蓮六十歳……。

このようにみてくると、ブッダと親鸞がいかにとび抜けて長寿を保ったかということがわかるだろう。とりわけ親鸞の九十年が、ほとんど奇跡に近い光芒を放っている。世界を人間の生命史とか寿命史といった観点から眺めるとき、親鸞の生きた寿命の高さは他を圧して宙空にそびえ立っているといっていい。

どうしてそんなことが可能になったのだろうか。むろんその真相は天空の雲に隠れたまだというほかはない。しかしながら、手がかりになるようなものが一つだけないわけではない。親鸞の寿命という名の高峰にのぼるための登山口だ。かれのからだの起伏をよじのぼって、その心臓部に到達するための身体的な標識である。

親鸞という名

ほとんど唯一といっていいような証拠がある。唐突ないい方になるが、筆跡である。手の運動である。その親鸞の手の運動を自在に示す書がすくなからずのこされているのである。かれが筆の跡をにじませて後世にのこした文章の数々であるが、それがすなわち真筆、真蹟と称する手の運動の証拠品である。

それらの親鸞の書のなかでもわたしがとりわけ驚かされたのが、かれ自身の手になる署名であった。自署の筆跡である。その字体をみればすぐにもわかることであるが、「親鸞」というのは字画がまことに多い。流し字、崩し字といった手法ではとても表現しきれない文字であり字画であるといっていいのではあるまいか。

それにしても、かれはどうしてそんな画数の多い漢字を選んで自分の固有のサインにしたのであろうか。むろんこれには深いわけがある。かれの人生と信仰のあり方に直接かかわるような体験が、その画数の多い文字には秘められているからである。

親鸞はさきに書いたように、若くして出家している。比叡山で僧の修行をしているのだが、青年期には、綽空《しゃくくう》とか善信《ぜんしん》と称していた。

かれが二十九歳で山を降りて法然の門に入ったことは知られているが、そのころ作成された「七箇条起請文《しちかじょうきしょうもん》」という文書には、僧・綽空と署名している。この「起請文」は師の法然とその弟子百九十名が連署して、宗教上・生活上の誓約を交わしたものだった。親鸞も弟子の一人として名を連ねたのである。この文書には元久元年（一二〇四）の日付があるから、このとき綽空は三十二歳だった。

そのあとまもなく、かれは善信と名を改めているが、やがて親鸞へとさらに名を変えている。法然一門はその念仏運動のため承元元年(一二〇七)に弾圧されることになるが、親鸞はその前後のころに改名をくり返していたのである。三十五歳前後のころといっていいだろう。

かれが自分の名を、わずか数年の間に綽空から善信へ、そして親鸞へと変えていったことは、それ自体として興味をそそる問題ではないだろうか。人格の急激な変容を、それは暗示しているようにみえるからだ。かれは、その暗転し急変していく時代のなかで自分自身になっていったのかもしれない。

ところがその変転の時代が過ぎ去ったあとになって、比較的安定した「親鸞」の時代がやってくる。最後の改名である「親鸞」の名が確固不動のものとなるからである。みずから署名する「親鸞」の文字がそれ以後、不変の安定性のなかに落ち着きをみせるようになる。

自署にみる強靭さ

昭和四十八年(一九七三)から翌年にかけてのことだが、親鸞の生誕八百年を記念して『親鸞聖人真蹟集成』全九巻(赤松俊秀・藤島達朗・宮崎圓遵・平松令三編)が京都の法蔵館から出版された。それによってかれの真蹟自署(「親鸞」)を選びだしてみると、最初期のものとして「唯信抄・ひらかな本」の末尾に記されているものが目につく(第八巻)。これは「文暦二歳六月十九日」の書写とあるから、親鸞六十三歳のときの署名である。

これにたいして親鸞最晩年の自署と思われるものが「尊号真像銘文・広本」にでてくる。八十六歳のときの筆跡である(第四巻)。

現存している親鸞の真蹟自署のうち、最初期のものと最晩年のものとの間に、七十六歳(「浄土高僧和讃」)、八十三歳(「浄土三経往生文類」、「尊号真像銘文・略本」、「かさまの念仏者」にあてた書簡)、八十四歳(「西方指南抄・上末」)、および八十五歳(「一念多念文意」、「唯信抄・専修寺信証本」)などの自署が知られている。これに年代不詳のものを含めると、この数はさらに増える。

いまみてきたように、最初期の自署(六十三歳)と最晩年の自署(八十六歳)のあいだには何と二十三年の歳月が経過している。ところが驚くなかれ、その二十三年をへだてた両者の自署の筆跡のあいだにはほとんど変化がみられないのである。筆勢・運筆はもとより、筆を動かしている親鸞のからだの不動の構えまでがそのまま、それをみる者の心のひだにまで伝わってくる。とりわけ複雑な字画をもつ「鸞」の書体が、一点一画にいたるまで一致を示し丹念に書きとめられている。字のぶれがみられない。線の鋭い勢いがそのまま変化することなく、われわれの視線をとらえて離さない。

字のぶれがみられないということは、書き手の腕がふるえていないということだろう。筆を握る腕に振動がないというのは、腕のつけ根を支えるからだの動きが柔軟に保たれていることを意味するにちがいない。とすればそれはとりも直さず、六十三歳の最初期から八十六歳の最晩期にいたる親鸞の肉体の強健さを物語っていることにならないか。親鸞の生命が八十代後半においてなお燃えたぎっていたということだろう。二十三年もの月日を経たあとも不動の一点一画を保ちえた「親鸞」の自署は、かれの生命の強靭さをあらわしてあますところがないといわなければならない。

左：親鸞 63 歳の自署(『親鸞聖人真蹟集成』第 8 巻，法蔵館より)．右：親鸞 86 歳の自署(同第 4 巻より)

かれの自署は、むろんその主

著『教行信証《きょうぎょうしんしょう》』の真筆本にもでてくる。いわゆる坂東本『教行信証』といわれるものだ。これが書かれたときの確実な年代はわからないが、そこに登場する自署は「信」巻(第一巻)、「証」巻(第一巻)、「真仏土《しんぶつど》」巻(第二巻)、「化身土《けしんど》」巻(第二巻)のそれぞれにみられる。これらの自署がまた一点一画、寸分の狂いもなく、前記した年代の自署のそれぞれとほとんど同じ姿で対応し、互いに共鳴し合っている。

親鸞の常人を超えた生命力のほとばしりであり、躍動である。その書の力強さは明らかにかれの生命の確かな横溢を証明しているのである。

八十五歳の文字

石川九楊の『日本書史』(名古屋大学出版会、二〇〇一年)に、親鸞の書についての論が展開されている。例示しているのが八十五歳のころに書きあげたとされる『正像末浄土和讃《しょうぞうまつじょうどわさん》』(専修寺本)である。死の五年前の作品であるが、とてもそのようにはみえない。この書と筆跡を分析して、石川は「勁利《けいり》な表現」といい、そこには並たいていではない「強靭な発条」がはたらいているという。その筆触にはつよい「あたり」がみられ、「腰」と「骨格」を支点とする力動感があふれているというのである。とてもとても、八十五歳の老人による手すさびといったようなものではない。

『正像末浄土和讃』の「和讃」というのは、仏教讃歌の一種のことである。石川がいうように「仏教式賛美歌」といってもいい。漢字と片カナを用いて七五調の句にし、それをつらねてつくることが多い。またこれに曲節をつけて朗誦する。平安時代の中ごろに成立したとされ、鎌倉時代に入って民衆のあいだにひろまった。それが飛躍的に流行したのは浄土真宗や時宗が布教活動にとり入れたからだったが、なかでも親鸞が晩年になって書きついだいくつかの「和讃」が大きく影響した。

「三帖和讃」の書

親鸞が制作した「和讃」は、『浄土和讃』『高僧和讃』『正像末浄土和讃』の三部であるが、のちこれを合わせて「三帖和讃」と呼ぶようになった。はじめの『浄土和讃』は百十八首で「浄土」を讃めたたえたもの。『高僧和讃』は百十九首から成っている。ここでいう「高僧」とは、親鸞が自分の信仰と思想を深めてゆく上で学んだ七人の僧のことである。インドの龍樹《りゅうじゅ》・天親《てんじん》、中国の曇鸞《どんらん》・道綽《どうしゃく》・善導《ぜんどう》、そして日本の源信・源空(法然)をいい、その七人の高僧を讃めたたえたものだ。この『浄土和讃』と『高僧和讃』は親鸞七十六歳のときに書かれている。これらにたいし最後の『正像末浄土和讃』はさらにその十年ほどあとになる八十五歳ごろの制作とされている。「正像末」とは正法・像法《ぞうぼう》・末法のことだ。ブッダが入寂してのち、正法（黄金時代）が衰え、像法（白銀時代）へと下降し、最後に末法（暗黒時代）へと突入する。その暗黒時代の末法のまっただなかに、いま自分は生きているという自分自身の自覚をのべた和讃である。

「和讃」は親鸞がその思想と信仰のエッセンスを当時の人びとの心にとどけようとした民衆詩だったといっていい。かれはその制作のため、最晩年の七十代から八十代を費やしていた。このような連続的な仕事のいわば掉尾を飾るものが『正像末浄土和讃』だったのだ。末法を生きる親鸞の覚悟を示す漢字片カナ混じり文の作品である。

その『正像末浄土和讃』の書をとりあげて不思議な「孤立の書」であると評したのが、さきの石川九楊だった。その書は「和讃」の姿をいくぶんのこしてはいるものの、藤原俊成や藤原定家のような「和讃」の様式とは異なる。また中国の書に通ずる栄西や道元の学者僧たちの書とも、もとより異なる。さらに明恵《みょうえ》、日蓮などの「和讃」をベースにした僧侶の手紙などとも異なる。まさに不思議の書というほかなく「類縁の書がなく孤立している」といっている（前掲書）。そしてそのような孤独のなかで立ちつづける八十五歳の老親鸞の肉体が、一点一画も変えることなく書きつづけられたかれの自署の骨格とみごとなコントラストをなして響き合っているのである。自署の骨格をえてかれの肉体はしなやかに呼吸し、その肉体を発条にして自署の「勁利な」暢達《ちょうたつ》の筆勢がほとばしりでているといっていいだろう。

なぜ「親鸞」と名のったのか

ところで、ふたたびその親鸞という自署についてである。この一種の自己証明のしるしが発見されるまでに、そもそもそこにどのような個人的来歴があったのか。かれのどのような体験がそこにわかちがたく介在していたのか。

その親鸞という名が天親の「親」と曇鸞の「鸞」から合成されたものであることはひろく知られている。天親と曇鸞は親鸞が私淑し尊敬した浄土教の先覚者である。天親はインド人、曇鸞は中国人であり、「七高僧」のうちの二人である。

七高僧とはさきにもふれたように、インドの龍樹・天親、中国の曇鸞・道綽・善導、そして日本の源信・源空をいう。かれらはすべて、親鸞のいう「浄土真宗」が形成される上で思想的に主軸となった高僧たちだ。親鸞の「浄土真宗」はかれの天才によって独自に創出されたのではない。それは七人の先覚者の努力のつみ重ねによって歴史的に形成されたものである。

親鸞の「七高僧」観には、そういうかれの反省と自覚がこめられているといっていいだろう。その七高僧のなかから「天親」と「曇鸞」を選びだして、自分の名をつむぎだした。それが「親鸞」だったのである。

しかしそれにしても、その最後の自分の名を生みだす母体がいったいどうして「天親」と「曇鸞」だったのか。どうして龍樹や道綽、あるいは善導ではいけなかったのか。それがよくわからない。

もっとも「源信」と「源空」がはずされたのは、よくわかるような気もする。おそらく日本人がまず外されたのである。親鸞の国際感覚といっていい。あるいは歴史感覚といっていいかもしれない。かれはひそかに自分の思想が、すでに日本という国の枠をとび越え、世界水準を行くものだという自覚をもっていたのだろう。さきにもいったように、かれのいう「浄土真宗」はインド・中国・日本の浄土思想家たちによって歴史的に形成されたものだ。その歴史的認識に力点をおけば、自分の名前のなかにインド人と中国人の名を刻印しようとした気持が自然に納得されるだろう。

それがあるいは、日本人である源信や源空に向けられた親鸞自身によるアイデンティティの主張であり、自己確認であったのかもしれない。もっとも、よく知られているように親鸞は師の法然＝源空を讃仰してやまなかった。たとえ師の法然にだまされて地獄に堕ちたとしても、少しも悔いるところはない、といっている。『歎異抄《たんにしょう》』に出てくる親鸞自身の言葉である。けれどもその親鸞は、同時に師の法然を超えようとも思っていた。そう私が確信するのは、「親鸞」という自己認識がかれの内面にもう一つ頑として居座っていたからである。師・法然と弟子・親鸞のあいだの関係はかならずしも単純なものではないと考えた方がいい。かれの自署の形成過程はそれだけの重みをもっているはずである。

日本仏教からの飛翔

しかしそれならば、外国出身の浄土思想家のなかからどうして天親と曇鸞が最終的に選びだされたのか。それが先述したようによくわからないのである。七高僧のうち天親の思想と曇鸞の思想が親鸞思想の形成にとってより本質的なものであった、といったような議論もあるいは可能かもしれない。いわばかれの名前の命名法に思想的根拠をみつけだそうとするやり方である。

あるいはそういうことがあったかもしれない。しかしひょっとすると、もっと単純に親鸞＝しんらんという口調がよかったからではないか。「しんらん」という語調の音楽的な快さ、引き締まったリズム感が、かれの言語感覚をつよく刺激したのかもしれない。

若い時代の親鸞は、さきにのべたように綽空といい、善信と称していた。綽空とはいうまでもなく道綽の「綽」と源空の「空」を組み合わせた名であったにちがいない。

親鸞は若いころから「七高僧」の名前のそれぞれのカードを並べて、自分自身のイメージを描きだそうとしていたのだろう。そしてすでにそのころから、「親鸞」という組み合わせを究極の自署としてひそかに念頭においていたのではないだろうか。綽空―善信―親鸞と改名を重ねていくプロセスが、ある決意のもとに予定されていたのではないかと私は思う。

かれは自分の名として「親鸞」を選びとったとき、おそらく源信と源空から離陸しえたという自覚を抱くことができたのである。つまりそれは、「綽空」と「善信」の名によって象徴される自己を清算したということだ。そこでの力点はもちろん道綽の「綽」、善信の「善」の清算におかれていたのではない。そうではなく、源信の「信」、源空の「空」の止揚、克服こそが唯一の目標であったはずだ。日本人としての源信、源空からの離陸をいていたのではないだろうか。とすればむろん、日本仏教からの飛翔をそれは暗に示していたことになるのである。

このように考えてくるとき、親鸞の一生においてかれが「親鸞」という名を選びとったことの究極の意味が突如として屹立してはこないか。そのようにして選びとられた「親鸞」の自署は、その後、その死にいたるまで不動の名としてかれの意識を離れることはなかった。一点一画をおろそかにしない「親鸞」の自署が二十数年をへだてて八十六歳の最晩年まで、すなわちその死の直前までほとんど変化をみせることなく書きつづけられることになったのである。

第二章　町のなか、村のなかの親鸞

——道元とともに——

同じ場所で生きた親鸞と道元

六年ほど前から、京都の洛中に住んでいる。下京区《しもぎょうく》綾小路通《あやのこうじどおり》西洞院《にしのとういん》西入《にしい》ル、というところだ。手紙などに書くときは、この地名の下にさらに長々しい所番地が入るからいささか面倒であるが、この地名自体はとても気に入っている。何よりも、文化の香りがする、歴史の足音がきこえてくる。

それで休日など、よく散歩に出る。一時間ほど歩き回ってヘトヘトになって帰ってくるが、思わぬ発見をすることがある。とりわけ小路や路地に入ったときには、はっとするときがある。

洛中に住みついてからしばらくのあいだ気がつかなかったが、あるときのことだった。自宅を出て西洞院通りを南に歩き高辻通りにぶつかった。何気なくそこを西に折れてしばらく行くと、道路の傍らに石碑が建っている。見上げて、彫りつけられている文字をみて驚いた。「道元禅師御示寂《じじゃく》之地」と書かれていたのである。自宅から歩いてわずか数分のところにそれがあるということに、わたしは胸を衝かれた。

その日からしばらく経ってからだった。その西洞院通りをさらに南に向かってぶらぶら歩いているときだった。高辻通りからわずか数分で同じように東西に走っている松原通りに出る。その四つ辻を東に曲ったとき、細長い石碑が目の中に飛び込んできた。そこに何と、「親鸞聖人御入滅之地」という文字が書き付けられていたのである。自宅の門を出て、わずか五、六分のところである。

わたしは、自分の住んでいるところから歩いてわずか五、六分のところに、親鸞と道元の終焉の地が存在していたという偶然に、一瞬言葉を失ったような気分になった。京都という土地の奥深さと不思議さといってもいい。もっとも親鸞や道元ほどの人物になると、その終焉の地はこの外にもいくつかある。どの地がその本来の場所であるのか、考証をはじめれば難しい議論もおこってこよう。けれどもわたしは、西洞院通りをはさんでわずか数分のところに定められている二人の終焉の地こそ本来の場所であったと、今では信じているのである。散歩で得た記憶のお宝を、そうやすやすと手放してなるものか、と思っているのである。想像が想像をかき立てる。もしかすると同時代を生きた道元と親鸞は、この西洞院通りで行き会ったことがあるかもしれない。はたまた挨拶を交わしたことはないであろうか。挨拶を交わさないまでも、目と目を合わせたことがあったかもしれない……。

葬送の地と念仏

わたしの住む西洞院通りから西へ堀川通りを越えてしばらく行くと、千本《せんぼん》通りに出る。以前から何と珍奇な地名かと思っていた通りである。足を伸ばせば十分やそこらでその街並みにぶつかる。

京都の都大路を南北に割る大通りである。北の交差点となる千本北大路から南の交差点に位置する千本七条まででも約八キロもある長い通りである。もっとも、五条―八条間は中断されている。その千本北大路の東南にみえるのが船岡山だ。この丘は、かつて応仁の乱のときの戦略上の拠点であったという。その丘の頂に、織田信長を祀る建勲《けんくん》神社のあることでも知られている。

それにしても、その地がなぜ千本なのか。どうして千本という名の発祥地になったのか。その昔、東山の鳥辺野《とりべの》などとならぶ葬地だったからである。平安時代には、大内裏のちょうど北に位置した船岡山の西麓付近は蓮台野《れんだいの》と呼ばれる葬送の地であった。東の鳥辺野、北の蓮台野である。葬地にはいつしか卒塔婆が立ち並ぶようになる。そこにいたる道沿いにも供養のための卒塔婆が建てられるようになり、その数が増えて千本を数えるまでになったのだという。見渡すかぎりの卒塔婆の壮観、といってもいい。今日その遺風を探ろうとすれば、高野山の奥の院に行けばその片鱗にふれることができるかもしれない。誰しも千本卒塔婆の原風景にふれて、胸を衝かれるのではないだろうか。

やがてその千本卒塔婆の下に眠る死者たちを供養して、お堂が建てられるようになった。この通りに面してつくられた千本閻魔《えんま》堂であり、千本釈迦堂である。このうち千本釈迦堂は今日の大報恩寺で、そこでは古くから千本の釈迦念仏が興行されてきた。念仏の声があがれば、それが踊り念仏へと発展していくのも自然の勢いだ。空也念仏や壬生《みぶ》念仏の流行と並んで、千本念仏も踊りながら念仏を唱える踊り念仏の姿をとるようになる。親鸞や道元もその通りを歩くことがあったであろうし、そのような念仏踊りの興行に目をとめる機会もあったのではないか。

千本卒塔婆から千本桜へ

千本のイメージは、その名前だけを注視しているといつのまにかさらに飛び火していく。たとえば、伏見稲荷の千本鳥居。その拝殿の背後から稲荷山へと通ずる山道に無数の朱の鳥居が密集して建てられている光景が思い浮かぶ。その千本鳥居の列柱が、わたしの目には船岡山にかけて林立していたであろう千本卒塔婆のシルエットに重なって映るのである。

そして不思議なことに、その稲荷山の華麗な千本鳥居が、さらにあの吉野の千本桜へとわたしの想像をかき立ててやまない。吉野の山を麓の方から染めあげていく下千本、中千本、上千本の千本桜である。その真ん中あたりに、京都の千本北大路にあるのと同じ名の船岡山までが鎮座ましましているではないか。

その吉野の山桜に魅入られたのが西行法師であった。山桜を見て、自分の魂がからだから抜け出て、ふたたび戻ってはこないかもしれないと、恍惚と不安の気持ちを歌に託して歌っている。もしかすると、かれもまた咲き乱れる千本桜のかなたに千本卒塔婆の怪しげな揺らぎを感じとっていたのかもしれない。

もしもそうであるとすると、その恍惚と不安の感覚は、あの浄瑠璃の傑作「義経千本桜」の華やかな舞台にまで尾を引いていたのではないだろうか。悲劇の英雄、義経に手向けられたのがはたして千本桜であったのか、それとも千本卒塔婆であったのか、歴史の伝承は多くを語らないけれども気になるところである。

筑波山を望みながら

親鸞がその京都の地を去ったのが、承元元年（一二〇七）である。法然の念仏集団が弾圧され、師の法然は四国へ、親鸞は越後に流されることになったからだ。五年ほど流人《るにん》の生活を送ったあと、罪を許された。京に戻るか、それとも新天地を探るか、迷いがなかったわけではないが、師の法然が世を去ったことを知り、関東へ旅立とうと決意する。すでに越後の女、恵信尼《えしんに》を妻とし、子どもまでつくっていた。

家族をともなって常陸に姿をあらわした親鸞は、転々と住処を変えながら、最後に笠間の稲田に居を構えた。今のＪＲの水戸線で、稲田というところだ。そこで降りると、すぐ近くに西念寺がある。もう三十年ほども昔になるが、わたしはそこを訪れて、お寺に泊めてもらったことがある。翌朝早く起きて、山門のところまで歩いていった。前方に目をやると、筑波山が迫ってみえた。山頂の峰が二つに分かれた美しい姿だった。標高約九〇〇メートル。京都の比叡山とほぼ同じ高さといっていい。

その筑波山と西念寺のあいだの広い空間に田圃がつづいていた。それをじっとみつめているうちに、心にひらめくものがあった。親鸞がこの稲田の地を選んだのは、美しい筑波山と広々とした田圃が指呼の間にとらえられると感じたからではないか。そのときかれの心のなかで比叡山の美しい山容がよみがえっていたにちがいない。京都という盆地に生まれ育った親鸞は、朝夕、比叡山をはじめとする東山、西山、北山の山なみを眺めながら暮していた。その少年時代、修行時代の記憶が、筑波山の姿をみて突然よみがえったのではないだろうか。

越後からの移住農民たち

もう一つ、親鸞がなぜ「稲田」の地を選んだのかという点について思い出すのが、服部之総《しそう》の説である。親鸞の妻、恵信尼の消息文(「恵信尼文書」)を分析して、かれはつぎのようなことをいっている。

恵信尼自身の出生も、通説である三善為教の女というのをわたしは否定して、農民の出で、三善家かどこかしかるべき豪族武士の半人すなわち侍女になっていたものと想定している。親鸞と結婚して常陸に移ったのも、常陸がそのころ越後からの移住農民で開拓されつつあったからだろうとかんがえている。その常陸の越後農民は下人から解放されたばかりの新百姓であるか、あるいは早晩解放される運命にある下人たちとその所有者たる農民から成っていたと思われる。その所有者たる農民にしたところで、故郷越後でりっぱな土豪たる者ではなかったであろう。れっきとした地主階級から満洲拓殖農民を出したためしはすくないのである。

（「親鸞ノート」『服部之総全集13　親鸞』福村出版。初版、国土社、一九四八年）

恵信尼の出自についての論議はともかく、服部がここで、稲田の周辺一帯が北越からの移住農民によって開拓された土地であったと示唆しているところに注目しなければならない。その「移住農民」は北越から役畜にひとしい労力としてつれてこられた「下人」たちであり、なかにはその下人身分から解放されて自営農民となった「新百姓」もいたであろう。しかもその「新百姓」は、本来の庄民たる「本百姓」からは昭和の今日にいたるまで根強く下賤視されてきたような人々であった、と語を継いでいる。

要するに、親鸞が恵信尼とともに二十年近く住んだ土地が常陸国の笠間郡稲田郷だった。そしてその笠間領内の親鸞門徒は多く「新百姓」から成り、長いあいだ社会的に特殊扱いされていた。なぜならそれらの「新百姓」は土地の本百姓ではなく、北越地方からの移住民だったからだ。親鸞の常陸移住について服部之総が提出した大切な示唆であったといっていいだろう。そのように考えると、稲田とはまさに、故郷を棄てるほどに貧しい農民たちが新しい土地に鍬を入れた開墾地だったということになる。「新田」といってもいい。本貫《ほんがん》（本籍地）の地からは遠く離れた飛び地である。新しい開墾田である「飛田」であったかもしれない。各地に存在する「トンダ＝富田」も、この種の開墾地の「新田」の一種だったのではないか。笠間郡の「稲田」はそのような新田、飛田、富田のつらなりのなかで開拓の槌音をひびかせる田地のイメージを、わたしに喚起してやまなくなったのである。

稲田が位置する稲田川中流域にはすでに「延喜式」にみえる稲田神社があり、稲田の地名はそれに由来するらしい。親鸞の時代にはその稲田郷の名が使われていた。『本願寺聖人親鸞伝絵』によると、親鸞は「越後国ヨリ常陸国ニ越テ、笠間郡稲田郷トイフトコロニ隠居シタマフ」とある。「隠居シタマフ」というところが気にならないではない。「隠居」という言葉の背景に、親鸞のどのようなライフスタイルがそれこそ隠されているのか興味をそそるからだ。親鸞は「新百姓」たちが汗水流しながら開墾しているかたわらで、たんに「隠居」していたのであろうか。そういう疑問もわかないではない。

開墾の記憶を残す地名の世界へ

ここで、開墾と土地の名の関係についてわたしが思いおこすのが柳田国男の地名研究である。氏によると、地名の多くは古い時代から開墾の事業と密接な結びつきをもっていたという。地名の起源や由来を探る方法的な基準をいろいろ挙げているのであるが、そのなかでとりわけ新しい土地の開拓、開墾の記憶が地名には深く刻まれているといっているところが、印象につよく残っている。

たとえば、こんなことをいっている。

京都人のような都や街に住む人間はあまり旅行をせず、また山野に遊ぶことをしない。そのためか、何かというと漢字を弄して、それらをもって地理や地名を説こうとする傾向がある。それにたいして九州とか東国には労働にかかわりをもつ地名が随所に見出せる。そのなかで一番多いのが下に田のつく地名であった。水田の開拓につながる地名であるが、それはつまり「土地に拠つて地名を作らうとした国風」だったのだという。そしてつぎのようにいう。

それから古木を大切にした慣習が松本杉本といふ類の地名に残つて居る。何野何原は開墾以前から、既に其地に人の熟知した地名のあつたことを意味して居る。日本は支那の劉家屯や楊家宅などゝは正反対に、地名に基づいて家の名を作る来歴のある国であつた。だから斯ういふ風に人の集つた席で調べて見ると、何田何本何野何原といふ四つの苗字が、いつでも三分の二近くを占めて居ることを発見するのである。

（「地名の話」『柳田國男全集』七、筑摩書房、一九九八年）

京都に住んでいたころの親鸞は、いまわたしの住む近くの「西洞院通」や「千本通」のような「漢字を弄した」地名の世界で呼吸していた。それが流罪体験をへて僻遠の常陸へと移住したあとは、「何田何本何野何原」という開拓地の周辺で生活するようになった。親鸞にとっての「稲田」はまさにそのような新田開発の前線基地の一つだったのかもしれない。

変貌する大地をふみしめる

ふと、思う。われわれは、開拓の歴史の記憶を失ってから久しい、と。開拓の辛苦がわれわれの生活をとりまくあちこちに染み通っていった時間の長さに、われわれはいつのまにか鈍感になっていた。そのことに、手をかえ品をかえ注意を喚起していたのが柳田国男であったことを、いまにして思う。柳田国男の「地名論」は、人間がこの地上に生活しはじめて以来、営々とつづけてきた開墾と開拓の歴史に、自覚的に鍬を入れる仕事だったのだ。

その拓かれていく土地の上に、やがて村がつくられ、道がつくられる。町が形をなし、都が誕生する。「何田何本何野何原」の世界から、町衆や貴族たちのつくる都市的な世界が立ちあらわれる。そのように移りゆくプロセスのなかで、土地の名称もさまざまに変貌をとげていった。

その変貌を刻みつける土地の上を、親鸞も道元も歩いていたのであろう。しだいに拓かれていく大地をふみしめながら、時代の風に吹かれて歩いていたのである。

近・現代の町のなか、村のなかで

みてきたように親鸞は、流罪地・越後や伝道地・常陸においては、いわば村のなかで生きていた。柳田国男のいう「何田何本何野何原」という村の周縁部で生活していたということだ。その前線基地の一つがさきにもふれた常陸の「稲田」だったのだろう。

ところがそれにたいして、彼の比叡山修行時代を含む青年期がそうであったように、最晩年になってからは、再び京都に舞いもどり町のなかに生活の基盤をおくようになった。

何かというと漢字をもって地理や地名を説こうとする都市や街のなかに身をおいていたのであり、そこはまた町衆や貴族たちが隣接して住む世界であった。それが西洞院通りであったり、高辻通り、松原通りだった。

このように親鸞の生涯における「村」と「町」ということを考えているうちに、その過去のイメージが現代のわれわれの周辺にどのような光景を生み落としているのだろうかといったテーマが、いつの間にか眼前に浮上してくる。中世の時代からずっと降ったこの時代に、親鸞の徒、親鸞の後裔たちは、その町や村でどのような内心の営みを続けているのだろうか、という疑問である。

そのことにかんしてさしあたりわたしの念頭に思い浮かぶのが、唐突にきこえるかもしれないけれども中野重治と武田泰淳の世界である。なぜなら中野重治の小説『梨の花』には、親鸞の徒が「村」のなかでどのように生きてきたかが生き生きと描かれているからだ。そして武田泰淳は、その親鸞の末裔たちを主題にした『異形《いぎょう》の者』のなかで、「町」の雰囲気を発散させる僧侶志願者たちの、独自の空間を切り開いてみせている。

「異安心」の村——『梨の花』

まず、中野重治の『梨の花』からの一節を引いてみよう。

あかりは絶えずちらちらする。蠟燭から油煙《ゆえん》も立つ。仏壇内側の漆と金とがそれを照りかえす。その奥に、いちばん上段の奥中央に、蓮根《れんこん》の糸で織ったのだという阿弥《あみ》陀《だ》さまの軸が掛かっている。その右わきに御開山さまの軸が掛かっている。左わきには六字の名号《みょうごう》が一行に書いてかかっている。そこへ、いちばん下段の真鍮の碗から線香の煙が昇ってからんでくる。

（岩波文庫、一九八五年）

続いて、武田泰淳の『異形の者』をうかがってみよう。

金色の仏像はなかばかがやき、なかば影をおび、私の頭上はるか高いあたりを見つめた形で置かれてあった。蠟燭の光りが下方から照すため、大きな鼻も口も、かなり変った形に見えた。その肉の厚みは重々しかった。その眼には黒く塗られた眼球はなく、少し凹まされたその刻み目だけがクッキリとした線を描いていた。しかしそのきつい眼は、たしかに何物かを注目しつづけている、クワッと開かれた眼にちがいなかった。見るという行為を一瞬も止めない、未来永劫それをつづけそうな眼であった。
（河出文庫、一九五四年、現代仮名づかいで引用）

右に引いた文章では、特殊な用語を使えば簡単にすみそうなところが、当然のことながらそうなっていない。『梨の花』の世界は、主人公が田舎のまだ幼い子どもなので、その分だけ稚い、純な視線でとらえられているが、『異形の者』のほうは、すでに兵営や留置場を経験している主人公の観察である。

『梨の花』の舞台になっている北陸は、浄土真宗の「異端」が伝承された地域でもあるが、主人公を含む家族も、本願寺の正統教義からははずれた信仰をもっている。いわゆる「異安心《いあんじん》」である。だが、この問題はそれ以上深くは追求されない。農村の手仕事や習俗にごく普通にみられる臼すりや縄ないや綿くりやランプ掃除が、細かく正確に再現されているのであるが、それと同じように仏壇や灯明や線香の形や匂いが、なめまわすように丹念にとらえられ、正信偈《しょうしんげ》やご和讃やご文章を唱える異安心の人びとの姿が描き出されている。

中野重治はこの作品の中では、「ご開山さま」すなわち親鸞のことを直接に語ってはいない。親鸞の子孫や弟子によってつくられ護持されてきた本願寺教団の異流が、近代の農村にどのような形で生き残っているのかを、あたかも民俗的な事象を扱うかのように即物的に描いているのである。

隔離された生き方——『異形の者』

これに対し『異形の者』の方はどうか。他力本願の一宗派の寺に生まれた、そう若くはない僧侶が、本山にこもって修行している。加行僧《けぎょう》(修行僧)たちは俗世間から隔離された異形の者として、淫靡な親愛感と確執の世界に生きている。主人公は学生時代は社会主義運動に関連して検束されたこともあるが、今はものごとにたいする正義感や積極的な情熱を失い、自分が異形の存在であることをそのまま受け入れようとしている。大寺出身のかれは、ときには書生の手びきで加行道場を抜けだし、レストランでカツレツを食べたりする。

そんなかれを憎んでいる加行仲間がいた。片足の悪い肥満した男で、棄て児同様に貧乏な寺にあずけられて育っていた。そのたくましいからだには滑稽感がただよっていたが、ときおり噴出するかれの性欲には殺気がみなぎっていた。

『異形の者』はこうして、他力本願の一宗派に属する教団の、中枢部におけるある生活の断面を静かにえぐり出している。これらの異形の者たちを押し包む世界は、たしかに愚劣で、浅はかで、無意味な行為をくり拡げる舞台にしかみえないだろう。だが主人公にとっては、金色の仏像の、そのクワッと見開かれた眼が、未来永劫にそれらの愚劣の無限連鎖を凝視し、見透しているように映っている。

この『異形の者』の各所に放電している武田泰淳の視線は、仏たちがすなわち救済仏であることを決して肯《がえん》じてはいない。仏たちはエックス線のように対象を突き通す眼をもってはいるけれども、光の源である仏そのものは、いったい生き物であるのか物体であるのか分明ではない。物そのものとしかいいようのない存在なのである。

主人公は、やがて加行が終り、最後の誓いの儀式を終えてから、例の片足の悪い肥満した狂暴な男と決闘しに行く。そのときかれは、金色の仏像に向かってこういう。

あなたは人間でもない、神でもない、気味のわるいその物なのだ。

親鸞の徒や後裔たちが、近代という末の世にどのような村に住み、どのような町で呼吸していたかを示す一端である。このわずかな事例からだけでも、村や町というものが、そもそものはじめから異流や異端を包みこむ沼地のような世界であったことがわかるであろう。常陸の稲田の地にはじめて足を踏み入れたときに親鸞が目にしたのも、そのような光景だったのではないかと思う。

第三章　海にむかう親鸞

——日蓮とともに——

越後、居多の浜にて

直江津は、いまは新潟県の南部、上越市の一角を占める。その信越本線直江津駅を降りて、海岸沿いに車で西に走る。かつての国府のあった国分寺跡を過ぎてしばらく行くと、居多《こた》の浜に出る。

もう三十年も昔のことだ。砂浜が広がり、目と鼻のさきに、青い波のつらなりが盛りあがるようにたゆたっていた。日本海の大海原である。わたしが訪れたときは、そのさざ波を重ねたような海の表面に陽光がふりそそぎ、キラキラ輝いていた。

広々とした居多の浜のまんなかに、「親鸞聖人御上陸地」と記す碑がぽつんと建っていた。あとは、何もない。一望千里、大海原がどこまでも広がって、はてしなくのびているだけだった。

船に乗せられ流されてきた罪人《つみびと》、親鸞の幻が、そこに立った。陽に焼け、海風にさらされつづけた男の荒肌の匂いが、いまにも鼻さきに迫ってくるようだった。

京都を追い立てられた親鸞は、おそらく琵琶湖の西岸沿いに北上して山を越え、いまの敦賀《つるが》あたりから乗船したのであろう。そこは古くから、物資輸送の要港として栄えていた。人とものと、そして異様な風物が寄り集まり散っていく中継地だった。

事件が発生したのが建永元年(一二〇六)、法然の門弟が京都の六条河原で死罪に処せられた。そして翌承元元年の二月上旬、法然は土佐へ、親鸞は越後の国府に流されることになる。法然や親鸞の念仏の運動に弾圧の嵐が吹きすさんだ年だ。このとき師の法然は七十五歳。弟子の親鸞はようやく三十五歳になったばかりだった。比叡山を降り、法然の門に入ってからまだ五年の歳月しか経っていなかったのである。

親鸞は敦賀から船に乗ったとして、どのくらいの時間を要して居多の浜に到着したのだろうか。港、港で嵐が去るのを待ち、荒波の危険を避けながらの船旅である。平松令三によると、一か月もかからなかったようだ。はるか後年になってからだが、親鸞が京都で息を引きとったとき、末期の床で看病していた娘の覚信尼《かくしんに》が国府の近くに住んでいた母、恵《え》信尼《しんに》のもとに書状を送っている。それが「恵信尼文書」として知られる資料のなかにのこされているが、十二月一日(弘長二年(一二六二))に発信され、同月二十日過ぎに恵信尼の手に渡っている。

当時、関東の門弟たちが京都の親鸞に出した手紙が三十日から五十日を要してとどけられていたのにくらべると、かなりの早さであったといっていい。平松はそういっている(『親鸞』吉川弘文館、一九九八年)。

もしもそうであるとすると、旧暦二月上旬(『教行信証』後序)に流された親鸞は三月上旬には居多の浜に上陸していたであろう。すでに豪雪の季節が去り、春の盛りも過ぎようとしていたかもしれない。晩春の暖かい空気が北陸の大地をしっとりひたしていただろう。

流罪体験と『教行信証』

が、かれの居所が定まったころには、短い夏は足早に去っていった。いつしかみぞれの時期がしのび寄り、北の海が荒れ狂いだす。そして雪、雪、雪の季節が押し寄せてきた。はげしい突風がおこり、日本海の一面に氷の破片のような波頭が立つ。けものたちがたてるような咆哮《ほうこう》が、その波頭のあいだから天空にかけ抜けていく。

その風景の急激な展開は、親鸞にとって京都では経験したことのないものだったであろう。まったく異質の風土がかれのからだを撃ち、皮を破り、肉につきささってくる。それが、かれの吐く言葉のなかにあふれだしていった。その言葉を、一つひとつ掌にすくい上げるようにして書きはじめる。

いつしか『教行信証』の執筆が開始されていたのである。それがやがて――親鸞の主著になる。そのあとがきに、かれは自分の流罪のことを記している。とすれば、流罪以後の体験にもとづく著述と考えてさしつかえないだろう。越後に流されたころからすでに構想されていたのかもしれない。

そこに、膨大な量の経典が引用されている。親鸞の勉学のあとがよくわかる。刻苦精励している姿が彷彿《ほうふつ》とする。その大波が寄せてくるような経典引用のあいだから、一言一句かみくだいて発する親鸞の肉声がきこえてくる。経典の山を突き崩すようなはげしい息づかいの言葉がひびいてくる。それが、この『教行信証』という難解な作品を読むときの、わたしにとっての安らぎのひとときだ。

何よりも、開巻劈頭《へきとう》の第一行に驚かされる。そして魅せられる。突如として、「海」のイメージが大文字で描きだされているからだ。「序文」の冒頭であるから、かれははじめからそれを狙っていたのであろう。その言葉によって全巻の主題を引き寄せ、浮かび上らせ、読む者の目をとらえようとしたのであったにちがいない。

ひそかにおもんみれば、難思《なんし》の弘誓《ぐぜい》は難度《なんど》海《かい》を度《ど》する大船《たいせん》、無礙《むげ》の光明は無明《むみょう》の闇を破する慧日《えにち》なり。

（金子大栄校訂、岩波文庫）

「難思の弘誓」とは、われわれの想像も及ばない阿弥陀如来の誓い、のこと。つまり大衆救済の願い、である。その願いは、あたかも荒海を渡す「大きな船」のごときものだという。重ねて、その阿弥陀如来から発せられる光明は、この世の闇を照らす知恵の太陽だ、といっている。

海上浄土の日本海を幻視する

親鸞を京都から居多の浜に運んだ船は、罪人を流罪地に追放する非情の船だった。罪人、親鸞のうえには陽光はおろか、月の光さえとどくことはなかったであろう。敦賀から直江津までの船旅に「難思の弘誓」という光明が、はたしてどれほど射していたのか。かろうじて生きのびることのできた愚禿《ぐとく》親鸞は、右に左に揺れる船底で輾転反側していたのではないだろうか。

その大海原に放り出されていたときの記憶が、やがて「難思の弘誓は難度海を度する大船」という言葉をつむぎ出すにいたったのである。海に周囲をとり囲まれ、翻弄されていたはずの魂のうめきが転じ、そのあとの清澄な声が、そこにこだましている。うめき声が、やがて海の彼方に燦然と輝く浄土のイメージを生みおとしていく。荒海の波頭を越えてきこえてくる阿弥陀如来の誓いの言葉をたぐり寄せる。「難度海を度する大船」の幻影が、こうして立ちのぼってきたのだ。

そこからあとは、一気呵成《いっきかせい》だった。かれは生死と書くかわりに生死海と記さないではいられない。大乗と記すかわりに、大乗海と書記せずにはいられない。一乗ではなくて一乗海、功徳とはいわずに功徳宝海、慈悲では足らずにあくまでも慈悲海にしがみついて譲らない。誓願海、智慧海、本願海、そして「愛欲の広海、名利の大山」とつづけてとどまるところをしらない。いつしかほとんど、それが口癖になっている。「陸路の歩行」にたいして、「水路の乗船」の優位性が説かれるのも、そのような意識の延長線上でのことだった。

むろん「海」の比喩や暗喩は、いうまでもないことだがインド伝来の仏典に多く出現する。親鸞の海も、そこからの影響を受けていないとはいえないだろう。だが、その影響の爪あとをさらに深く刻み、そのイメージをさらにはげしく増幅させてやまないものが、かれの文章のはしばしには明らかな形をとってあふれでている。『教行信証』を一枚一枚追っていけば、もはやそのことを疑うことはできない。かれのその文体に宿るリズムを深層で支えつづけているエネルギーの源が、このたたみかけるような海、海、海の言葉の群れであるからだ。

そこから自然に見えてくるものが、海上の彼方に浄土を幻視して立つ親鸞の姿である。とすれば、かれの眼前にどこまでも広がっている日本海は浄土の海そのものにほかならないだろう。海上浄土の日本海、といってもいい。それはインドの浄土教徒たちには思いも及ばない浄土イメージだった。なぜならかれらインド人が考えた浄土は、西方十万億土の彼方に想像された、形而上学的ともいうべき浄土だったからだ。

佐渡に流される日蓮

親鸞が越後に流されたのが承元元年(一二〇七)、──そのときから六十四年後の文永八年(一二七一)になって、日蓮が佐渡の地に流刑になっている。親鸞の流罪地、居多の浜から佐渡の対岸、新潟までが約八〇キロ、海を直接に渡っても約八〇キロのところだ。陸路であれば二日もあれば歩いていける。

日蓮が親鸞と違っていたのは、島流しにあったということだろう。その島は日蓮の目には、ときに絶海の孤島と映っていたかもしれない。日本海のまっただなかに投げだされたという孤絶感に苦しめられたのではないか。そのとき自分をとり巻く海は、親鸞の場合とはまた別個のイメージをかれの内部にかき立てたにちがいない。日本海を眼前に見すえている親鸞、日本海のまっただなかにわが身を投げだし、裸のからだをさらしている日蓮……。

文永八年、佐渡に流された日蓮は、塚原に草庵を結んで二年半の流謫《るたく》生活に入る。ときに日蓮五十歳。それまでのかれの足跡をたどれば、二十代の十年間を比叡山に留学。三十九歳のとき、『立正安国論《りっしょうあんこくろん》』を書いて前執権の北条時頼にさし出している。しかしかれの救国の予言はきき入れられず、そのまま伊豆に流罪。四十歳になっていた。その後も自説をまげずに伝道に打ちこみ、たび重なる迫害と弾圧を招き寄せている。佐渡への流罪は、そのために生じたふたたびの受難であった。

辺境につむぐユートピアの夢

佐渡に流された年の十一月二十三日に、日蓮は一通の手紙を信徒の富木入道に書き送っている。そのなかに印象的な言葉が出てくる。

……此北国佐渡ノ国に下著《げちゃく》候て後、二月は寒風頻《しきり》に吹て、霜雪更に降らざる時はあれども、日の光をば見ることなし、八寒を現身《うつしみ》に感ず。人の心は禽獣《きんじゅう》に同じく、主師親を知らず。何《いか》に況《いわん》や仏法の邪正、師の善悪は思ひもよらざる也。

（「富木入道殿御返事」『日蓮上人文抄』姉崎正治校注、岩波文庫）

これにつづけて、さらにいう。自分は、インド、中国、日本において誰も知らない「一大事の秘法」をこの地に広めようと思うのだ、と。「八寒」の風土と「禽獣」の人心に囲まれているにもかかわらず、かれの意志はその一点にむけてますます昂揚していく。自分の身心を容れる寸尺の地が黄金に輝いているさまを、周囲の苛酷な自然を描くことによって逆に浮き彫りにしようとしている。自己を世界の中心に擬する日蓮の常套手段だ。かれの行動と文章を特徴づける被虐のリズムである。

佐渡の辺境では、人びとは「主」が何であるかを知らず、「師」や「親」のありがたさを知らない「禽獣」のごとき人間しかいないという。そのうえその地は、政治の中心から遠く引き離されている。日本の心臓部によって受け入れられない。そのためこの日蓮は傷つき、迫害をうけ、流されてきたのだ。だが、その窮境のなかで、かれの魂はかえってその遠心的な翼を広げていった。海に囲まれた自然の脅威のなかでユートピアの夢をつむぎだす。この辺境の地こそ世界（一閻浮提《いちえんぶだい》）の中心だ、という自覚である。唐・天竺という宇宙が、自分を中心として同心円的に広がっているという構想であり、夢想である。被虐のなかの法悦の一瞬といってもいい。辺境を中心に読みかえる思考実験の快楽、というほかはない。

「辺国なれども日本国の中心」

一例をあげておこう。日蓮は自己の出生を告げるのに、つぎのように書く。

日蓮は、日本国・東夷・東条・安房《あわの》国、海辺の栴陀羅《せんだら》が子也。
（「佐渡御勘気抄」『日蓮文集』兜木正亨校注、岩波文庫）

またこうも書く。

然《しか》るに日蓮は東海道十五箇国内、第十二に相当《あいあた》る安房国長狭郡《ながさのこおり》東条郷片海《かたうみ》の海人《あま》が子也。
（「本尊問答抄」『日蓮』日本思想大系、岩波書店）

日蓮独自の自己紹介のパターンである。本籍意識といってもいい。自己を日本国のどこに帰属させるのか。世界の中の日本、その日本の中のどこに自分の居るべき場所があるのか。このようなアイデンティティ追究の激しさは、同時代者の親鸞や道元にはみられないものである。当時の一般の知識人としても異例のことだったのではあるまいか。

道元は、親鸞や日蓮とは異なってはるばる海を渡って中国にまで留学した国際人である。しかしその道元は、自己の本籍意識を確かめるためにシナ国（宋）という外在的な軸を一種の吸引力として必要とするようなことはしなかった。それを執拗なまでに必要としたのが日蓮である。

自分の出生のいわれを書き記すときだけではなかった。予言者としての自己の所信を開陳するときにも、かれは同様の告白をしないではいられなかったのである。たとえば

……安房国東条郷、辺国なれども日本国の中心のごとし。

……日蓮、一閻浮提の内、日本国安房国東条郡に始て此の正法を弘通《ぐづう》し始たり。

（「新尼御前御返事」『日蓮文集』）

ここで、東条郷は「辺国」ではあるけれども、「日本国の中心のごとし」といっていることに注目しよう。日蓮にとって、安房国も東条郷も単なる記号や符牒であったのではない。色も匂いもそなえた形影あいともなう具体的な表象として思い描かれていたのである。いってみればその「日本国」でさえ、「一閻浮提」という仏教的宇宙図のなかに存在を許された具象的な国土であった。

じつは、この「辺国なれども中心」という考え方に日蓮の屈折した心情が反映していることはいうまでもない。「辺国」におけるケシ粒のごとき存在である「栴陀羅」の境涯が、そこに強烈に意識されているからだ。それだけにこの「辺国なれども中心」の意識が、その後の日蓮の人生にとって不動の推進力になっていったのである。

「日本の大船とならむ」覚悟

そのことを確信にみちた言葉でうたいあげた作品がかれの主著の一つ『開目鈔《かいもくしょう》』である。

文永九年二月、佐渡の塚原で書き上げたものであるが、そのなかに印象的な覚悟の言葉が出てくる。『開目鈔』は、佐渡に流された翌年に仕上げられている気魄にみちた作品である。「法難」とは何か、ということをじゅんじゅんと説いている。『法華経』のもつ予言的性格についても論じている文書だ。そして最後の段で、自己を「末法の世の大導師」に擬している。「辺国」なれども、その「中心」に屹立する自己の立場を明らかにしてつぎのようにいう。

我れ日本の柱とならむ
我れ日本の眼目とならむ
我れ日本の大船とならむ

（『日蓮文集』）

三つの大きな日蓮の誓願である。とりわけ「我れ日本の大船とならむ」の宣言に注目しよう。かれは、さきにも記したように安房国の小湊《こみなと》(千葉県安房郡)で漁夫の子に生まれている。太平洋の荒波にもまれて育ったといっていいだろう。その日蓮が五十にして佐渡に流され、日本海の孤島に閉じこめられる運命に遭遇した。「我れ日本の大船とならむ」が、その海の体験と切り離すことのできない表白であったことはいうまでもない。だが、その過度に自己中心的な自恃《じじ》の意識はやはり特異なものではないか。そのことはまた、自己を評して「日本国に第一の富者」といい、自分こそ「関東御一門の棟梁也、日月也、亀鏡也」と告白するところにもあらわれている。くり返していえば、自己の卑小を自己の極大に逆転させる心的メカニズムである。

日蓮が佐渡に流された年（文永八年）に、蒙古の使者が九州に来ている。それからわずか三年後の文永十一年になって蒙古の軍勢が来襲し、文永の役がはじまる。日蓮の予言が的中したのである。

親鸞が死んでから、すでに十二年の歳月が経っていた。そしてさらにそれから七年後の弘安四年（一二八一）になって、蒙古がふたたび日本列島に押し寄せる。日蓮がこの世を去るのが、その翌年だった。「我れ日本の大船とならむ」と獅子吼《ししく》したかつての気力を、そのときかれはまだ保っていたであろうか。

芭蕉の歩く日本海

時は移って、江戸の元禄。芭蕉が「奥の細道」の旅にでて、北陸路を歩いている。親鸞や日蓮が活躍した時代から、すでに四百年が過ぎている。「鎖国」の新時代を迎えてからでも、五十年が過ぎ去っている。「蒙古襲来」の生々しい記憶は、芭蕉の頭のなかではすこしずつ失せかけていたのかもしれない。とすれば、親鸞や日蓮についての記憶はどうだったのか。そんな昔のことにはいささかも拘泥《こうでい》しない芭蕉が、ただひたすら日本海沿いの道を黙々と歩いていく。奥羽の山中を歩きつづけてきた芭蕉は、山の世界から海の世界に飛び出てきて、はたして何を見、何を思ったか。

平泉から山寺へのルートをたどり、いくつかのけわしい山脈をこえて酒田湊にやってきたときだ。季節は八月の盛夏を迎えていた。芭蕉は、最上川が日本海に流れ入る河口に立って、つぎの一句をえる。

暑き日を海にいれたり最上川

水平線の彼方に沈む落日の光景だ。最上川の流れと、太陽の落下していくダイナミックな動きを一瞬のうちにとらえている。そのまま北陸路を西に行き、対岸に大きな島影をみつける。

荒海や佐渡によこたふ天の河

佐渡の島影は、影の形に寄りそうように芭蕉の移動のあとを追いかけてきたであろう。そして、さらに西へ……。ふたたびかれの眼前に、落日の光景があらわれる。

あかあかと日はつれなくも秋の風

季節が移り、すでに秋風が立っている。残暑の夕陽が、灼熱の尾を引きながら沈んでいく。直江津を過ぎ、金沢へと抜けていく道中だったのではないだろうか。

失われた原風景

面白いのは、日本海の落日をみても、佐渡の島影に接しても、芭蕉は親鸞や日蓮に一言半句ふれてはいないということだ。親鸞が越後に流されたことを、かれが知らなかったとも思えない。ましていわんや日蓮が佐渡に流刑になったことを失念していたわけでもないだろう。だが、それにもかかわらず芭蕉は知らぬ顔の半兵衛をきめこんで旅をつづけていくのである。

芭蕉は、親鸞が落日の彼方にみていた浄土を思うことがなかったのだろうか。佐渡の島影をみて、日蓮がその地に託した宇宙の中心を想像してみることがなかったのだろうか。

時代が大きく転換していたのである。戦乱の世から平穏の時代へと急カーブを描いて世の中が動いていたといっていいだろう。「鎖国」という時代の呼びかけに鎮まる日本海は、「蒙古襲来」の荒波の記憶をしだいに払拭し、磨滅させるようになっていたのかもしれない。

海はもはや、「難度海を度する大船」が浮かぶ海ではなくなっていたのだ。「我れ日本の大船とならむ」の大船を浮かべる海原ではなくなっていたのである。環日本海の原風景が失われてから長い時間が経っていた、というほかはないのである。

海の落日の輝きのなかで

もう三十年近く以前のことになる。岩手の田舎で、父が心臓を病み亡くなった。浄土真宗本願寺派に属する小さな末寺の住職としてこの世を終えたのだったが、八十五歳の長寿に恵まれ、晩年は比較的平穏な生活を送っていたようだ。

八十五歳といえば、蓮如上人とほぼ同年、親鸞聖人の九十歳まではあと五年足りない年齢である。だがもちろん、そんな話題が息子のわたしとのあいだにもち上ったことは一度もなかった。だから、父親がもっと長生きしたかったのか、それともうそろそろと思っていたのか、それはわからない。

父親の葬儀をすまし、四十九日法要が終ったときだった。わたしはふと、佐渡を訪れてみようと思った。それまで、そこに足を運んだことがなかったのである。

新潟からフェリーに乗り、両津港に着岸した。幸いなことに、その日の佐渡は晴れわたっていた。陽の高いうちは島内を見物してまわったが、夕刻になって西海岸の突っ先きに行き、目のくらむような断崖絶壁の上に立った。海は凪《な》ぎ、細かい波のつらなりが鏡面のように反射し、キラキラ輝いていた。

そのときが、来た。西の海のかなたに、大きな太陽が燃え上るような光を散乱させて沈んでいく。海面との接点が一挙に融け、巨大な輪円がゆっくり半身を隠していく。

見ると、海面には一条の光の束がわたしの眼下まで走り、それがこの世とあの世を結ぶ白道を浮き上らせているようだった。ふと、父親の魂がその落日の輝きのなかに吸い込まれていったのではないかという実感が胸元をつきあげてきた。

海上浄土

の一行が眼前にあらわれ、

難思の弘誓は難度海を度する大船

の一行が、それに重なった。

越後流罪時代の親鸞の生活の匂いが、つい昨日のことのようにわが身を押しつつんできたのである。

第四章　弟子の目に映った親鸞

——唯円と清沢満之——

師と弟子のジレンマ

親鸞を弟子たちはどのようにみていたのか。それがこの章における主題である。そもそも弟子が師をどうみていたか、それを明らかにするにはいくつかのハードルを越えなければならない。まず、人間的な関係のなかでどうみていたかという問題がある。ついで、いうまでもないことだが師の思想を弟子はどう評価しどう継承したか、いってみれば師資相承の問題がある。

このように考えるとき、そこからは師に対する弟子の信順と対抗、という構図が自然に浮かび上るだろう。そのなかに反抗と裏切りの契機がはらまれることもあるにちがいない。師の存在を理想化し観念化する側面もみえてくるだろう。師と弟子のあいだに生ずる避けることのできないジレンマである。

さて、それでは親鸞と弟子たちのあいだの関係はどうだったのか。ここではさしあたり二人の弟子をとりあげて、親鸞が弟子たちの目にどのように映っていたのかを探ってみることにしよう。

一人が、親鸞直弟子の一人、唯円《ゆいえん》である。そしてもう一人が、はるか後の近代になって親鸞を発見する清沢満之《きよざわまんし》である。

唯円の場合

まず、唯円である。

唯円と親鸞の関係を知る上で最重要の資料が『歎異抄』であることは、いまさらいうまでもない。『歎異抄』の作品としての性格については、このあとの章でも論じているので、ここではふれない。ただ、かれら二人の関係をみていく上で、『歎異抄』の「歎異」がいったい何を意味していたのか、その問題がきわめて重要ではないかと思ってきたので、ここではそのことに限って論じてみようと思う。弟子の唯円は、この師匠である親鸞の言行を聞き書きしたメモ集の中で、同門のなかに見られる異端の動きを指摘し、それを歎き悲しんでいる。師・親鸞の教えから逸脱していると考えられる主張をとり上げ、一つひとつはげしい言葉で批判している。

唯円は、いったいどうして「歎異」にそれほどこだわったのか。

「歎異」という言葉は、まず『歎異抄』冒頭の序文的な部分にでてくる。この作品の編集意図をのべるくだりである。——親鸞聖人の死後、弟子や後学のもののあいだに、「他力の宗旨」についてさまざまな「疑惑」が生じてきた。だから生前に聖人が物語られたことを自分の耳の底にとどまっているままに記して、「不審」や「疑惑」の念を一掃しようと思う、と。

ひそかに愚案《ぐあん》をめぐらして、ほゞ古今を勘《かんが》ふるに、先師の口伝《くでん》の真信《しんしん》に異なることを歎き（歎レ異二先師口伝之真信一）、後学相続の疑惑あることを思ふ。幸《さいわい》に有縁《うえん》の知識に依らずば、いかでか易行《いぎょう》の一門に入《い》ることを得んや。全く自見の覚悟を以て他力の宗旨を乱ることなかれ。よつて、故親鸞聖人の御物語のおもむき、耳の底に留まる所いささかこれをしるす。ひとへに同心行者の不審を散ぜんがためなりと。云々。

先師親鸞のいわれた真実の信心に異なる説をなすものがいる。それを歎き、批判するのだ、といっている。『歎異抄』の名がここに由来する。

異端を断罪する唯円

『歎異抄』というテキストは、右に引用した序文的部分に続く、前半十ヶ条と後半八ヶ条からできている。前半十ヶ条で親鸞の考えを示し、後半八ヶ条で唯円自身の立場を提示しているとされてきた。そしてこの前半十ヶ条と後半八ヶ条の間に、編者唯円による短文の述懐がはさみこまれている。前半から後半への橋わたしの役割を担っているわけであるが、その述懐文の中に「異義」という言葉がでてくる。

上人のおほせにあらざる異義どもを、近来はおほくおほせられあふてさふらふよし、つたへうけたまはる。いはれなき条々の子細のこと。

老若の念仏者がしだいにふえてきたが、そのなかに聖人の口伝とは矛盾する「異義」を唱えるものがあらわれてきた。それは「いはれなき」解釈である、といっている。そしてここにでてくる「異義」が、さきの序文にみえる「歎異」と呼応して用いられていることはいうまでもないだろう。

こうして後半の八ヶ条が、こうした異端を糾明し断罪するための告発状になる。八種類の異義が逐条的にとりあげられ、批判されていく。師・親鸞の身になりかわり、泣く泣くこれを記したのだ、よってこの記録を「歎異抄」と名づけようと思う、といって筆をおいている。

なづけて歎異抄といふべし。外見《がいけん》あるべからず。

弟子たちの信心論争

親鸞は六十歳をこえたころ、常陸から京都に帰っている。ところがあとに残された常陸の弟子たちのあいだに、信心のあり方について動揺が生じた。親鸞の信仰をめぐって、いろいろな意見が主張されるようになったからである。

それは当然のことだったと思う。そこで、帰洛した親鸞のもとに、関東の弟子たちから問い合わせの手紙がとどけられるようになった。地元の守護、地頭などの権力層との対立が抜きさしならぬものとなり、鎌倉での訴訟事件へと発展する。それが信心論争ともからんでセクト的な動きを呼びおこし、ついに親鸞は実子の善鸞《ぜんらん》を義絶する。

だが老親鸞は京都にいて、関東教団がその亀裂の度を深めていくのをどうすることもできない。かれができるのは、手元にとどけられた弟子たちの質問に胸を痛めつつ返事を書くだけである。

今日、親鸞の手紙は真蹟を含めてかなりの数がのこされている。その多くは関東の弟子たちに送られた返事である。それを読んで気づかされる第一のことは、くれぐれも他者にたいする批判はつつしむように、とくり返しいっていることだ。もちろんかれは、他力の信心について自己の見解をじゅんじゅんと説いている。弟子たちがいっている異論をとりあげ、それがいかに誤った見解であるかについてかんで含めるように書きつづっている。

けれども、そのような異論を唱える人間を批判せよとか、そのような異端の立場を排除せよとかとはいっていない。師をそしり、善知識を攻撃し、同信のものを非難する者がいる場合、そういう者からできるだけ遠ざかるようにせよ、とはいっているけれども、そのような人間を関東の集団から積極的に排除せよ、とはいっていない。かれはすくなくとも「異端糾問」につながるようなことはいささかも認めてはいないのである。

「力及ばず候」にこめた思い

そのことを確かめる上で重要な手がかりになるのが、つぎの一文ではないだろうか。息子の慈信坊・善鸞にあてて書かれた手紙である。ちょうど、義絶直前の時期にあたっている。

真仏《しんぶつ》坊、性信《しょうしん》坊、入信《にゅうしん》坊、このひとびとのことうけたまはりてさふらふ。かへすがへすなげきおぼえさふらへども、ちからをよばずさふらふ。また余のひとびとのおなじこゝろならずさふらふらんも、ちからをよばずさふらふ。ひとびとのおなじこゝろならずさふらへば、とかくまふすにをよばず、いまは人のうへもまふすべきにあらずさふらふ。よくよくこゝろへたまふべし。

親鸞

慈信御房

（「親鸞聖人御消息集」『定本 親鸞聖人全集』第三巻、法蔵館）

お前は、真仏や性信や入信のことについていろいろ批判してきたが、それをきいて自分はただ歎き悲しむだけで、どうすることもできない。人々が心を同じにしないということについても自分の力は及ばない。これからはもう、人のことをとやかく批判がましいことをいわないようにすることだけが大事なのだ……。

ここには、親鸞の深い絶望の悲しみだけが静かに流れている。その悲しみは、「歎き覚え候へども、力及ばず候」というものであった。そこからは異端排撃のための歎きとは次元を異にする響きがきこえてくる。「力及ばず候」のいい方のなかにそれがこだましているのである。

むろん、真仏や性信や入信などの弟子たちにたいする親鸞の信頼は厚かったであろう。それだからこそ、かれらを異安心《いあんじん》の徒だといって非難攻撃する善鸞のことばに親鸞はいら立ち、「力及ばず候」というしかなかったのであろう。直弟子たちを立てる師の気持が、かれにそういわせたのであったのかもしれない。

しかしこの「力及ばず候」の表白のなかには、何よりも人間の弱さや罪深さにたいする親鸞自身の暗澹たる洞察がこめられていた、とわたしは思う。何よりも異端追及ということの怖ろしさと空しさに気づいている人間の諦念がそこにはあったと思うのである。

親鸞書簡の全篇に流れている主調音は、ただひたすらに謙虚なつぶやきのそれであり、その言々句々はつねに隠忍自重に徹する響きにみたされている。その響きは明らかに、さきにみた『歎異抄』後半部分にみられる激しいトーンとは質を異にしていることに注意しなければならない。

信仰の継承の無垢の美しさ

つぎに、『歎異抄』第二条のよく知られた親鸞の言葉に耳を傾けてみることにしよう。『歎異抄』の後半部分に登場する唯円の言葉ではない。異端の存在を歎く弟子・唯円の声ではない。『歎異抄』前半部分に掲げられている師・親鸞の表白である。

弥陀の本願まことにおはしまさば、釈尊の説教、虚言《きょごん》なるべからず。仏説まことにおはしまさば、善導《ぜんどう》の御釈《おんしゃく》、虚言したまふべからず。善導の御釈まことならば、法然のおほせそらごとならんや。法然のおほせまことならば、親鸞がまうすむね、またもてむなしかるべからずさふらふ歟《か》。

親鸞とかれの師・法然とのあいだにどのような師弟の関係が存在していたのか。それを証言する文章である。親鸞はいう。自分は念仏して、阿弥陀如来に救っていただくことを信じているだけである。それを法然上人から教えていただいた。いったいどうしてそのことを疑うことができよう。だから、上人にだまされて、念仏をしてたとえ地獄に堕ちたとしても、一切後悔することはないのである。むしろ、どのように考えても自分は地獄にいくほかはない人間であるから、地獄こそ自分の住み家なのだ。そういったあとに、右にひいた文章がつづく。——すなわち、阿弥陀如来は、すべての人を救うとおっしゃっているのだ。とすれば釈尊の説くところにうその混じる余地はない。そうであれば、善導の解釈に間違いはないのであり、したがってその善導を信ずる法然上人の言葉が、どうして「そらごと」でありえようか。こうして法然上人のいうことが真実であるならば、この親鸞の考えることが「むなしい」はずはないではないか……。

みられる通り、ここには信仰の継承(血脈)ということの無垢の美しさが表白されているのであるが、そのあとに、つぎのような「先師の口伝」がつづく。親鸞の遺言といってもいい。

詮《せん》ずるところ愚身《ぐしん》の信心にをきては、かくのごとし。このうへは、念仏をとりて信じたてまつらんとも、またすてんとも、面々の御《おん》はからひなりと、云々。

念仏を信ずるのも、またそれを捨てるのも、おのおの方のお考え次第である、といっている。「面々の御計なり」といっている。それは言葉の勢いとして「異義」を唱えるのも「面々の御計なり」というところまでいくだろう。さきに掲げた手紙の一節、「かへすがへすなげきおぼへさふらへども、ちからをよばずさふらふ」という考え方と、それは明らかに一直線につながっている。しかしながらこの「面々の御計なり」と「ちからをよばずさふらふ」の真摯な態度は、異端排除のための「歎異」の方法とはつながってはいない。否、その口調とは決定的に断絶している、と私には思われるのである。

唯円は『歎異抄』という作品において、もしかすると師・親鸞の信心のあり方を裏切っているかもしれないのである。

清沢満之と『歎異抄』

清沢満之の場合はどうだったのだろうか。

かれの文章を読んでいると、いつのまにか『歎異抄』の世界から乖離《かいり》していくような気分に誘われることがある。いや、そんなことはないはずだ、と思いながら、しかしやはり、清沢満之が思い悩んでいる問題は『歎異抄』の苦悶世界のそれとはどこか違う、と考えこまされてしまう。

よく清沢満之は、明治における『歎異抄』の最初期の発見者だといわれてきた。かれ自身も『阿含経《あごんぎょう》』と『エピクテタス語録』と『歎異抄』に深い影響をうけたといい、それを「予が三部経」であったとまでいっている。それほどに持ち上げている『歎異抄』である。ところが、いざかれの文章を読んでみると、そのいわんとするところがかならずしも『歎異抄』とは嚙み合わない。それどころか齟齬をきたすような文章にお目にかかる。それはいったいどうしてだろうか。

たとえばそれが、かれの晩年の日記「臘扇記《ろうせんき》」にでてくる。清沢満之は宗門の革新運動の先頭に立ったが、明治三十一年（一八九八）その戦いに敗れ、僧籍を剝奪されて自坊の西方寺に帰っていた。周囲からは冷淡な視線を浴びせられ、そのうえ喀血に見舞われた。ときに三十五歳。このころさきの『エピクテタス語録』に出会い、日記とメモを書きはじめた。それが「臘扇記」だった。

そのなかで、こんなことをいっている。

自力の修善をつとめなくてはならない。……けれども、自力修善をつとめようとしても不可能なのである。だから、自力を捨てて他力に帰し、その信仰の結果として、自ら悪を回避し善につとめることができるのを期待するのがいちばんいい。……われわれは他力を信じるならば、ますます修善につとめなければならない。……そして修善をつとめようとすると、これまでの自力的妄念がもつれあって立ち上がってくるのを感じるだろう。これがかえって、いよいよ他力を信楽する刺激になるだろう。このように信仰と修善とが交互に刺激策励して、もってわれわれを開発させるものだが、これがつまりは絶対無限の妙用のしからしめるところである。

（今村仁司〔編訳〕『現代語訳　清沢満之語録』岩波現代文庫）

他力を信ずるならば「修善」につとめよ、といっている。「信仰」と「修善」がたがいに刺激策励して、そのかなたに「絶対無限」（＝他力）の妙用があらわれるのだという。他力の妙用を「絶対」の地点においてはいるけれども、しかし日々修善にはげめ、といっているところに注意しなければならない。

右の引用は「臘扇記」からのものであるが、その論調は、かれの生涯を通じてほぼ一貫していたように思う。時期によって濃淡の差があり、強調のおき方が違っていたりしても、善を積むことを重視している点にはいささかの揺らぎもみられない。初期の『宗教哲学骸骨』における善悪論から、最晩年の死の床で書かれた「我が信念」におけるその人生態度においても、その内心の旋律は一片の乱れもみせず、ほとんど清沢の血肉と化していたと思う。

その、あたかもリフレーンのようにあらわれてくる清沢の「修善」論にふれるたびに、かれはいったい『歎異抄』第三条に出てくる「善人なをもて往生をとぐ、いはんや悪人をやと」をどのように考えていたのかという疑問にかられる。悪人こそが救われるという「悪人正機」の考え方に、いったいどのような感懐を抱いていたのか。なるほど清沢満之は、いわれるように明治における『歎異抄』の第一の発見者だったのだろう。もしもそうであるならば、その発見の意味するところとはいったい何であったのか。

むしろ蓮如に近い善悪論

わたしがその問題にふれて思い出すのが蓮如である。『歎異抄』の価値の先駆的な発見者といえば、今さらいうまでもないことだが、十五世紀の本願寺第八代門主の蓮如をおいてほかにはあるまい。『歎異抄』はそもそもこの蓮如本『歎異抄』によって世に知られるようになったからである。

ところがその蓮如が、当の蓮如本の末尾で「宿善のない者(無宿善の機)に、この書物は読ませてはならない」と、ダメを押すように記している。「宿善のない者」とは、前世から善の行為をつんだことのない者、という意味だ。今日の言葉でいい直せば、善を行なわない者、ということになるだろう。

わたしにはその蓮如の「宿善」が清沢のいう「修善」の考えと重なってみえる。『歎異抄』という特異な作品に接して驚愕《きょうがく》している蓮如の顔、『歎異抄』の第三条「善人なをもて……」の、毒を含む逆説の前に不安な表情をして立ちすくんでいる清沢満之の姿が浮かぶ。蓮如が『歎異抄』の「悪人正機」説にひそかに危険な匂いをかぎとったように、清沢満之も、その言々句々のなかに突起する不気味な思考の切っ先を感じとっていたのではないだろうか。

わたしは以前、蓮如が書いた文章を読んでいて胸を衝かれる思いをしたことがある。それというのも、そこに「悪人正機」のことが一つもいわれていないことに気がついたからだ。「悪人正機」どころか、はじめから終りまでいってみれば「善人正機」のことばかりが強調されていたからである。

蓮如はその生涯にたくさんの手紙を書いている。「御文《おふみ》」というのがそれである。布教のため弟子や門徒たちにむかって自分の考えを送りとどけた書簡である。その「御文」のなかに「悪人正機」のことが一つもふれられてはいない。それに代って登場してくるのが「宿善開発《しゅくぜんかいほつ》」という言葉である。これは、要するに善を積むということだろう。「宿善」の善は、さきにもいったようにこの世における善だけではなく、過去における善をも含んでいる。人間にそなわっている善の可能性をたえず引き出せ、と蓮如はいっているのである。そのような生活を送っている人間こそが、はじめて念仏によって往生することができるのだといっている。

ほとんど「善人正機」の考えではないか。むろん蓮如の「御文」には「悪人往生」や「女人往生」のことが説かれている。しかしここでいう「悪人往生」は、けっして悪人こそが救われるという「悪人正機」を意味するのではなかった。蓮如の気持では、善人も悪人も女人も、みな平等に阿弥陀如来によって救われるというものではなかったかとわたしは思う。

このように考えてくるとき、清沢満之のいう「善悪」論が、じつは蓮如のそれにかなり近いものであったということがみえてくるのではないだろうか。そしてもしもそうであるとすると、清沢満之ははたして『歎異抄』をその通りの文脈で理解しようとしていたのか、それとも根本のところで誤解していたのではないか、という疑問が浮上してくる。そこのところが、よくわからない。だがもしかすると、かれはひそかに自分流儀の考えにもとづいて、『歎異抄』的思考の意識的な軌道修正をはかろうとしていたのかもしれない。

清沢満之の四つの顔

それでは、そのような清沢満之とはいったい何者か。それがつぎの問題になるであろう。明治という転換の時代に、宗教と哲学の両界に主体的にかかわろうとした先駆的な人間である。その清沢には、四つぐらいの顔があった。だが、その四つの顔がうまく重ならない。融合しないのである。それが清沢満之という人間を理解する上で、いってみれば障害になっている。

四つの顔とは、一つはもちろん哲学者の顔である。ついで宗教改革者の顔、教師としての顔、それに禁欲者の顔、というのをつけ加えることができるかもしれない。

今、この四つの顔はかならずしも重ならないのだといったが、その原因の一つに、かれが四十歳でこの世を去らなければならなかったということがあるかもしれない。かれの仕事に輪郭のはっきりした成熟の実りをもたらすためには、あまりにも短い人生だったというほかはない。

　はじめの哲学者の顔、ということについては、とくに説明するには及ばないだろう。明治十年代に東京大学で哲学を学び、卒業してのち井上円了らとともに西欧哲学の研究と紹介につとめた。井上が創設した「哲学館」(のちの東洋大学)では心理学、論理学、純粋哲学を講義している。主著がよく知られる『宗教哲学骸骨』。むろんかれの目標は西欧哲学のたんなる模倣でもなければ祖述でもなかった。その「純粋哲学」もしくは「純正哲学」の方法をもって、真宗＝他力門哲学の特質を解釈することにあった。その意味でわが国における宗教哲学者の嚆矢といってよく、東洋思想を西欧哲学の方法で分析する解釈学者のはしりであった。文明開化期における日本型啓蒙哲学の軌道をしいた人といってもいい。のちの西田幾多郎や鈴木大拙、そして田辺元たちも、やがてその軌道の上を歩いていくことになる。西欧基準の土俵の上で、伝統思想を組みかえるための思考実験をくり返す、あのパターンである。清沢満之はその道の先覚者だった。

　第二の宗教改革者の顔というのはどうだろう。かれは文久三年(一八六三)に名古屋の在家に生まれたが、十五歳(明治十一年〈一八七八〉)のとき東本願寺派(真宗大谷派)の僧侶になった。東京大学に入ったのもこの東本願寺からの派遣学生としてである。卒業してのち三河大浜の西方寺の清沢ヤスと結婚し、同派の高倉学寮で西洋哲学史の講義をしている。二十五歳(明治二十一年)のときだ。

明治二十七年、三十一歳のときに結核発病。翌年、南条文雄、村上専精《せんじょう》らと本願寺にたいして行政改革の提言をする。同三十年には大谷派革新全国同盟会を結成し、改革運動の先頭に立ったが、除名処分をうけた。挫折した宗教改革者の顔が、そこから立ちのぼる。

それでは第三の教師として、かれはどのような道を歩んだのか。性急な宗教改革に挫折したとき、自然な形であらわれてきた世界である。若い同志たちを糾合して共同生活をはじめたのがそれである。三十七歳になっていた。暁烏敏《あけがらすはや》、多田鼎《かなえ》、佐々木月樵《げっしょう》らと生活をともにし、雑誌『精神界』を発刊する。宗門改革のためには人間教育、人間改革が必要であると考えたからにほかならない。清沢の「精神主義」がこうして、その『精神界』雑誌の運動のなかから誕生する。絶対無限者の力に接することで、一切の煩悶憂苦をのりこえる立脚地、――それがかれのいう「精神主義」であった。宗教改革者の顔から教育者の顔への転換である。

最後の第四が禁欲者の顔である。しかし、これはわかりにくい顔である。かれは二十八歳のときに「禁欲生活」の実験をはじめたのだという。結婚後二年目のことだ。その禁欲の内容はかならずしも判然としないが、ともかくそれと同時に仏典に親しむようになり、とくに親鸞の『歎異抄』に読みふけるようになった。いわば反禁欲の立場をとる『歎異抄』と清沢の禁欲生活が、いったいどのような関係にあったのか、それがよくわからない。ただ、ここでふと、二世紀ごろパキスタンの北部で発見されたという、あの「苦行シャカ」の像が思い浮かぶ。断食をし、胸のあばらを浮き上らせている、痩せさらばえたシャカの姿である。青年シャカが覚者ブッダに近づこうとしていた苦行時代のシャカの像である。そのイメージが、墨染めの衣をきた清沢満之の肖像写真とダブる。額が広く、頬がこけた、謹直の姿にそれは写っている。

「清沢満之肖像」中村不折．
大谷大学蔵

中村不折の筆になる満之の肖像画も、その表情の特徴を一つもみのがしてはいない。禁欲主義者・清沢満之、苦行者・清沢満之の風貌が、高い鼻梁、その下に蓄えられた黒々とした髭、がっしりした両手に握られている数珠とともに描き出されている。かれの主著『宗教哲学骸骨』の「骸骨」の名字もまた、そのような清沢のひそかな決意を暗に示すものではないか。それは「宗教哲学」というもののたんなる「骨格」でも、たんなる「概論」でもなかったにちがいない。

以上が、清沢満之という人間から放射される四つの顔である。その過激なライフスタイルを通して喚起される四つのイメージである。ところがその四つが、さきにもいったようにうまい工合に重ならない、融合しないのである。

「純正哲学」の中に抽象化された親鸞

清沢満之の文章を読んでいて気づかされることの一つが、そこに親鸞の名があまり登場してこないということだ。さらにいえば、親鸞の肉声がそこからはほとんどきこえてこない。親鸞の主著『教行信証』の文章が、そのままの形でとりあげられることもあまりない。同じように親鸞の人となりをもっとも鮮明に浮かび上らせているはずの『歎異抄』の文章も、まれにしかあらわれない。清沢満之こそ明治になって『歎異抄』にはじめて注目し、その思想に先駆的な評価を与えた人物だ、ということがいわれて久しいのであるが、しかしその点でも背負い投げをくらわされたような気分になる。清沢満之の生き方と『歎異抄』の世界は本当のところどのようにつながっているのか、さきにもふれたようにかならずしも自明ではないのである。否、それどころか、はたしてつながりがあるのか、という疑問が喉元をつきあげてくる。それほどに清沢満之の文章は、親鸞の肉声や『歎異抄』の文章とは異質な音色をひびかせているのである。いったいどうして、そのようなことになったのか。

一言でいえば、清沢満之が徹頭徹尾、西洋哲学の知識と方法で、親鸞という人間の解釈を敢行しようとしたからであると思う。かれの信奉する「純正哲学」の手法で、親鸞の思想を解剖し、整序し、抽象化し、観念化し、そして普遍化しようとしたからだ。そのために親鸞に固有の言葉がそこから消され、親鸞の身体から発する体験が希釈化され、親鸞の苦悩や歓喜の叫びが「純正哲学」のカテゴリーのなかに回収され、格納されてしまったのである。

たとえば、かれのいう「有限」と「無限」の統一にかんする議論。清沢哲学の中心命題の一つといっていいものだが、有限の概念を自力、修行門に、無限の概念を他力、救済門にあてはめ、その統一としての親鸞の救済論を「純正哲学」の論理的手法で分析していく。そしてもう一つが、「真諦《しんたい》」「俗諦《ぞくたい》」についての考え方、である。かれによれば真宗で主張する俗諦というのは、世にいう倫理道徳(善を行ない、悪をやめる)をいくら実行しようとしても、それには限界があるということだという。その痛切な事実を自覚し感知すること、

――それが真宗でいう俗諦の目的である。この自覚と感知があってはじめて、「他力の宗教」への突入が可能となり、そこに真宗でいう「真諦」の門が開ける……。

いささか簡略の説明にすぎたきらいはあるけれども、清沢満之が親鸞思想のエッセンスをどのような方向で純正哲学化しようとしていたか、その傾向のようなものだけはつかんでもらえるのではないだろうか。それがすなわち親鸞の普遍化、という仕事だったのである。「純正哲学」という土俵における、親鸞という人間の抽象化であり形而上学化の試みである。

不思議なのは、親鸞という人間にたいして、そのような思考実験のスタンスをとりつづけた純正哲学者、清沢満之が、その人生の最期を悲劇的な苦悶のなかで過ごしていたということだ。筆舌に尽しがたい煩悶憂苦を前にして、ただ苛酷な運命の訪れを待つほかはなかったかれの姿である。

長男の信一が死去するのが、かれの死の前年である明治三十五年(一九〇二)。そしてこの年、かれの妻ヤスがわが子の後を追うようにしてこの世を去る。明けて明治三十六年、三男の広済死去。つづいて満之自身の死、――ときに四十歳であった。

途方もない亀裂の深さ

家族をつぎつぎに薙ぎ倒していく死の足音をききながら、かれはいったい何を思い何を考えていたのだろうか。その内面をうかがうすべはないのであるが、ただそのときわたしの脳裡に浮上してくるのが九十歳の長寿を全うした老親鸞の姿である。四十歳で血を吐くようにして死を迎えた清沢満之、――その墨染めの衣と並ぶようにして立つ、同じ墨染めの衣で身を包むあの老熟した親鸞の姿である。

二人の傑出した僧のあいだに横たわるきびしい断層、その途方もない亀裂の深さを前にして、わたしはあらためてつよい衝撃をうける。それはあるいは、「西欧」と遭遇した日本の「近代」が歩まなければならない運命だったのか、それを象徴的に暗示する断層と亀裂が、そこに大きな口を開けていたのかもしれない。

第五章　カミについて考える親鸞

——神祇不拝——

『教行信証』から親鸞の神祇観をよむ

わたしは以前から、親鸞のいう「神祇不拝《じんぎふはい》」は必ずしも「神祇否定」を意味するのではないだろう、と思ってきた。親鸞は主体的には神祇不拝の立場によったけれども、客観的には神祇を否定するところまで行き着くことはなかったのではないか、と考えてきた。一言でいえば、親鸞は「カミ」を拝むことはみずからに禁じたけれども、「カミ」の存在を否定することはしなかったということだ。

その間、親鸞の神祇観をめぐってさまざまな議論がたたかわされるということが目立つようにもなった。その状況の新たな展開にはいくつかの流れがみられるが、なかでわたしの注目を惹いたのが、正統的な親鸞教学と民俗信仰(習俗)とのあいだに横たわる矛盾や亀裂という問題であった。オーソドクシーとフォークロアのあいだにみられる葛藤もしくは二重構造化の問題といってもいいかもしれない。それはわたしなりの視点でいえば、「神祇不拝」と「神祇否定」の問題にかかわる、もうひとつの重要なテーマであるようにみえたのである。

むろんこのような問題は、仏教の伝統教団においてはどこにおいても大なり小なり認められるものである。かならずしも浄土真宗に固有の現象ではないだろう。それぞれの教団の枠を超えて、時代が大きく動いてきているということを改めて実感しないわけにはいかなかったのである。

このようにみてくるとき、親鸞の『教行信証』が突然にわかに陰影に富む像を投げかけてくるようにわたしには思われる。これまでチラリともみせなかったかれの素顔が、眼前に彷彿してくるといったおもむきなのである。時代の成熟がいわゆる「教学」と「習俗」のアンビバレントな構造を浮きあがらせたように、親鸞の作品もまた時代の足音に呼応してその密閉された扉を開きはじめたといっていいだろう。

「化身土」巻末尾の仕掛け

さて、親鸞の神祇不拝の問題でいえば、何よりもまず『教行信証』の最後尾に出て来る部分が、わたしにはいつも気になっていた。それは『教行信証』という体系的な議論の流れを攪乱する、奇怪な添加物のように思えたからだ。それが、わたしにとってはかねてからの謎であった。

周知のように親鸞は、この作品において「教」(原典)を説き、「行」(実践)に言及し、そして「信」をへて「証」にいたる道筋(入信、開悟)を明らかにしている。いわばテキスト→パフォーマンス→エクスタシーの展開過程を、そこで論理的に切りひらいてみせたのである。そしてその後に「真仏土《しんぶつど》」と「化身土《けしんど》」という結論のような、あるいは付論のような二章をつけ加えて、この難解な、そして引用文を満載した、研究ノート的な仕事をしめくくっている。ここでいう「真仏土」とは聖者のみが到達できる真実の仏土のことであり、いってみれば第一浄土のことをいう。これに対して「化身土」とは、資質の劣った凡夫の赴く仮の仏土のことであり、前者との対比でいえば第二浄土といっていいだろう。

親鸞が賢者の赴く第一浄土よりも、愚者の望む第二浄土によりいっそう親愛の情を抱いていたことはいうまでもない。浄土門の王道はこの化身土という第二浄土にこそある、とかれは考えていた。その愚者のための第二浄土にかんする章、すなわち化身土巻において、自力往生から他力往生への転換が説かれている。一般に「三願転入《さんがんてんにゅう》」といわれている部分がそれであるが、その転入によって第二浄土への往生が約束されるという構図になっている。ところが何を考えたのか、親鸞はこの三願転入の部分につづけて、突如としてさきに述べた最後の奇怪な添加物をもちだしているのである。

議論の筋道から言えば、『教行信証』のロゴスとしての体系は、この三願転入の場面で一応完結しているといっていいだろう。形式的にいっても、そこで打ちどめになっていて何の不思議もない。ところが、その内容、形式にわたる調和の状態が、たとえそれが研究ノート的な作品であるとしても、その新たな添加物によってかき乱されることになったのである。いったいどうして、そんなことが生じたのか。

実をいえば、親鸞がこの奇怪な添加部分において展開しようとしたテーマが、神祇を礼拝すべきか否かという問題であった。しかも議論そのものは、今いったように、すべて引用文によって組み立てられている。引用文をつみ重ねていく手順のなかに、著者の意図がしだいに浮き彫りにされていくという仕掛けになっているのである。

神祇をめぐる三つの主題

まず、その引用文集成の冒頭を飾っているのが、『涅槃経《ねはんぎょう》』と『般舟三昧経《はんじゅざんまいきょう》』から引く神祇不拝の高らかな宣言である。すなわちもろもろの天神に帰依することなかれ。そして天や鬼神を祀ることなかれ。——これはいうまでもなく、親鸞の神祇認識にかんする第一主題である。かれはまっさきに『涅槃経』と『般舟三昧経』を掲げることによって、カミを拝むな、神を祀るな、の立場を鮮明にしている。

ところがかれは、その地点にいつまでもとどまってはいない。親鸞はここできびすを返すように一転して、現世利益《げんぜりやく》のテーマに視線を移動させていく。第二主題の急激な浮上といっていいだろう。その旋律を高らかにひびかせるテキストが、『大乗大方等日蔵経《だいじょうだいほうとうにちぞうきょう》』と『大方等大集月蔵経《だいほうとうだいしゅうがちぞうきょう》』である。そこでは、この宇宙世界には諸天善神がところせましとひしめき合っており、それらが一切の人間の安楽を願い、現実世界の幸福を守護しているのだという。ここでいう諸天とは何か。大梵天王《だいぼんてんのう》、他化自在《たけじざい》天王、化楽《けらく》天王、兜率陀《とそつだ》天王などであり、さらに天、龍、乾闥婆《けんだつば》、夜叉の一群がつづく。そして最後に、仏道にはげむ者には五種の利益が授かるという文章がそえられる。五種の利益とは寿命、財産、安楽、善行、そして智恵だという。

いうまでもないことだが、ここで親鸞がくりだしている第二主題では神祇の存在が肯定されている。神祇は現世における利益のいわば源泉として、肯定的にとらえられている。かれの脳裏に映じていたはずの枠組からいえば、カミを礼拝しない念仏者に対して、当のカミ自体が逆に救済のサインを送っているということになるだろう。浄土を求める親鸞の探針は、この逆説にむかって微妙にゆれている。否、かれはその逆説のなかにこそ、ことの本質がひそんでいることを嗅ぎわけていたのではないか。

ところでしかし、神祇というのはむろん、つねに善良なる守護神としてのみこの世にあらわれてくるのではない。それはしばしば魔や鬼神へと変身してデモーニッシュな身じろぎをはじめる。これらのデーモンたちがひとたび活動を開始すれば、宇宙の救済体制も現世的な福祉の実現もたちどころに危殆《きたい》にひんするほかはない。

こうして魔と鬼神に対する仏の側からする防衛的な説得活動が必要となるだろう。魔と鬼神の方がいずれは仏のもとに帰依してくるという確信とその状況をのべる文章が、そのあとに登場してくる。第三主題の出現である。ここでは『首楞厳経《しゅりょうごんきょう》』や『灌頂経《かんじょうきょう》』のテキストが援用されているが、これらの魔や鬼神の存在は親鸞にとってはたんなる外的な誘惑というようなものではなかった。それはかれ自身の内部に巣食う仮装の自己、もしくは己の影のごとき存在であったにちがいない。

ところが親鸞は、その自己の影をふり切るようにして、ふたたび神祇不拝の原理に復帰しようとして身を立て直す。魔や鬼神の活動に抵抗するかのように第一主題の旋律があらわれ、読む者の耳朶《じだ》をつよくうつ場面をつくる。すなわち『地蔵十輪経《じぞうじゅうりんきょう》』、『本願薬師経《ほんがんやくしきょう》』などのテキストをもちだして、邪心外道に帰依すべからざることを説き、諸天や卜占を信ずべからざることをのべていく。そして、しだいにせりあがってくるこの第一主題の旋律のクライマックスの場面で、よく知られている『菩薩戒経《ぼさつかいきょう》』のつぎの一節を投入するのである。

出家のひとの法は、国王にむかひて礼拝《らいはい》せず。父母にむかひて礼拝せず。六親につかへず、鬼神を礼《らい》せず。

出家人の法が、国王、父母、親族、鬼神にたいして「不拝」の立場をつらぬくものであることをいったものである。親鸞が前段において細心にはりめぐらせていたはずの現世利益と天神地祇への配慮は、ここではみるかげもなく払拭されているといっていいだろう。

『論語』の言葉で終結する

それのみではない。かれはやがて呼吸をととのえ満を持して、善導の『法事讃《ほうじさん》』から決定的ともいうべき一文を引用する。――すなわち、一切の邪や鬼や神魔に仕えて現世の利益をむさぼることをやめよ、なぜそれらのすべてを捨てて、弥陀にいいい帰依しないのか、というのがそれである。思うに、親鸞はこの『法事讃』の一文を引くことによって、これまでのべてきた神祇不拝の第一主題をはじめて弥陀一仏への帰依に結びつけたということができるだろう。いわばかれのいう神祇不拝の原理は、ここで一つの最高形態を獲得しているのである。

とするならば親鸞は、このクライマックスの段階で、その「化身土」の巻を終結にみちびいてもよかったのではないだろうか。もし本当に神祇不拝の一点だけを凝視していたのであれば、なおのことそうすべきだったのではないだろうか。なぜならかれは、第二主題（現世利益）と第三主題（魔と鬼神）の逆説の隧道をかいくぐって、ようやく最後に第一主題の原郷へ復帰しようとしているからである。しかしながら、どうしたわけか、親鸞はその道をまっすぐ進んでいくことに突然、待ったをかける。目前にゴールが見えているにもかかわらず、かれは再び魔や鬼神のテーマにむかって大きく迂回していくからだ。あたかも強迫観念にかられたかのように、魔と鬼神の世界へと身をのりだしていくからである。すなわち『天台四教儀《てんだいしきょうぎ》』によって餓鬼道を示し、さらに『天台四教儀集解《しゅうげ》』を引いて天神＝鬼、地神＝祇の議論をつぎにおく。また『観経扶新論』をとりあげて魔すなわち悪道の論を掲げ、『摩訶止観』、『往生要集』によって魔や鬼の生態を解き明かしている。

そこに見られるのは魔や鬼に関する一種の「定義」集成なのであるが、見方によっては「化身土」観を構成する闇と裏街道のキーワード群といった趣きがないではない。デーモンが『教行信証』というテキストのみならず、親鸞自身までを十重二十重にとりかこんでいるようにみえる光景である。そういう自縄自縛の状況のなかで、かれは最後に突如として『論語』の次の言葉をもってくるのである。

論語にいはく、季路《きろ》とはく、「鬼神につかへんか」と。子ののたまはく、「つかふることあたはず、ひといずくんぞよく鬼神につかへんや」。

これは「化身土」巻の結句としておかれたものであって、かならずしも『教行信証』全篇の結句として選ばれているのではないであろう。というのも「ひといずくんぞよく鬼神につかへんや」の一句は、何よりもまずキーワードとしての魔や鬼神の世界を転覆させるために配置された一句であったからである。しかしながらそれにもかかわらず、『教行信証』の全篇が形式的にはこの『論語』の言葉によって終結しているという一面があることも否定することができない。すくなくとも、そのように受けとられても致し方がないのではないだろうか。

人は鬼神に仕えることはできない

『論語』の一句が「化身土」巻のみの結句という性格を帯びつつも、同時に『教行信証』の全文がその一句によって終結するという構造は、考えてみればこの作品に不思議な彩りを与えずにはおかないであろう。なぜならそのことによって『教行信証』という作品の理解に微妙なズレが生ずるとともに、親鸞自身の心のうちにもある種の計量しがたい判断のゆらぎが認められるように思われるからである。

いってみればかれは、自己の主著のフィナーレを飾るのに善導の言葉によってではなく、孔子の言葉によってそうしている。弥陀一仏による神祇不拝の立場を最後にもってくる代わりに、人間はそもそも鬼神に仕えることはできない、という孔子の立場を掲げて最後をしめくくったのである。

もっともここで注意しなければならないのは、『論語』のこの一節の原文を親鸞が独自に読みかえているということである。知られているようにこの部分にかんする孔子の読みは、「いまだ人に事《つか》ふる能《あた》はず、焉《いずく》んぞ能く鬼《き》に事へんや」であった。「人」と「鬼」を対比して、人にさえ仕えることができないのであるから、鬼にはとても仕えることができないではないか、というのが孔子のいわんとしたことであった。だが親鸞は、このいわば二元的な対比による読みを否認して、人はそもそも鬼に仕えることはできない、というように一元的な命題に切り換えて読んだのである。

私は、親鸞が第二浄土としての「化身土」巻を善導の言葉によってではなく、孔子の言葉によって終結にみちびいていることを面白いと思う。『法事讃』の阿弥陀如来至上主義によってではなく、『論語』の鬼神不拝の命題をもってきたところに、たんなる偶然ではない親鸞の慎重な計算がはたらいているように思う。

ふたたび元に戻っていえば、「化身土」巻の、最後の奇怪な添加部分を読んでいていつも疑問に思うのは、親鸞がなぜ神祇不拝という第一主題のみをそこで展開しなかったのかということである。あるいは百歩ゆずって、この第一主題を掲げるためにこそ否定さるべき現世利益の命題を対比的に示すのだというのであれば、それではなぜ第二、第三命題をまず先頭に挙げて、しかるのちにそれを全面的に破砕するものとして第一主題を最後に掲示しなかったのであろうか。

論の組み立てからいっても、内容の点検作業という面からいってもその方が自然であるからである。しかしながら親鸞は、ここではそのような尋常な方法や工夫を最初から放棄しているように私にはみえる。

二項対立的思考からの解放

こうしてふたたび、「化身土」巻の終結部に関するさきの疑問が鎌首をもたげてくる。すなわち親鸞はいったいどうして、鬼神や現世利益を否定するのに善導の金言をもってくるだけでは足りずに、孔子の命題をもってこなければならなかったのか、という疑問が。換言すれば、『教行信証』という作品の終結部において、かれはなぜ善導と孔子という二人の人間をとりあげたのか、ということになるであろう。浄土教と儒教をそれぞれ代表する中国人のビッグネームを、なぜそういう形でもち出さなければならなかったのか、というのがそれである。

実を言えば、この「化身土」巻の後半部分では、親鸞の思考がラセン状に重層し循環する形で展開しているようにわたしにはみえる。ここでかれは、現世利益や鬼神のテーマを一義的に否定し、それにかわって神祇不拝のテーマを不動のものとして提示しているのではない。第二、第三主題を抹殺して第一主題のみに絶対の価値を付与しようとしているのでもない。そもそもかれは、あれかこれかという二項対立の枠組からはもっとも遠い地点で神祇（カミ）の問題を考えていたのではないか。親鸞のいう神祇不拝の立場がかならずしもそのまま神祇否定を意味するものではなかっただろうといったのも、そのためである。

あれかこれかという思考方法は、つまるところイデオロギー的思考であるにほかならない。阿弥陀一仏か神祇か、というように二者択一を迫る思考がそれである。善か悪か、正義か不正義か、正統か異端か、右か左か、……という二項対立の連鎖は、どこまでいっても一方を否定し抹殺する偏狭な論理のワナから自由になることはできない。あえていえば自力か他力かというような神学論争もまた、この種のイデオロギーの蟻地獄にからめとられているのだといっていいだろう。

わたしは『教行信証』の終章である「化身土」巻の、とりわけその後半部分を虚心に読みすすむとき、親鸞が、今述べたようなイデオロギー的思考とは全く別個の論理にしたがってものを考えていたのではないかと思わないわけにはいかない。かれの念頭には、阿弥陀如来（ホトケ）か神祇（カミ）かといったような二者択一的な思考は、そもそものはじめから存在していなかった。宇宙の全体を見渡したとき、その広大な空間のなかに「真仏土」や「化身土」が存在しているように、目を転じさえすれば鬼神や魔の住む別の世界が忽然と姿をあらわしていたのである。阿弥陀如来の浄土と神祇の異界が並存し、自転をくりかえしつつ宇宙を回遊している構図が、かれの目には映っていたはずである。さきにのべた二項対立のイデオロギー的思考に対比していえば、これは多項の同時並存を許容するコスモロジー的思考と呼ぶことができるのではないかと思う。

親鸞はそろそろ、イデオロギーの呪縛から解放されてもいい時期にきているのではないであろうか。かれはこれまで、あまりにも近代主義的なイデオロギーの網の目にからめとられてきたと思う。親鸞の思想は、雑行《ぞうぎょう》か正行《しょうぎょう》か、現世利益か浄土往生か、そして自力か他力か、といった抜き差しならぬ論理のラジカリズムによって、身動きできない硬直のなかに押しこめられてきたのである。

しかしながら『教行信証』という作品の深層には、そのような親鸞解釈の定石を一挙にくつがえしかねないマグマのような内容が当初からはらまれていたのではないであろうか。すくなくとも「化身土」巻において展開されているかれの神祇(カミ)観念には、そのことが如実に示されているとわたしは思うのである。

和讃の世界のカミ

そしてこのような親鸞の考え方は、その晩年においてしだいに深められ、いっそう簡潔な言葉によって語られるようになる。

「和讃《わさん》」の世界である。

『教行信証』においてはまだ研究ノート的なトレーニングのなかにいた親鸞は、この「和讃」において自己の思考を自在にはばたかせている。これまでのべてきたテーマについていえば、そのことを端的に示すのが『浄土和讃』に顔をみせる「現世利益和讃」であり、『正像末浄土和讃《しょうぞうまつじょうどわさん》』の一翼を占める「愚禿悲歎述懐和讃《ぐとくひたんじゅっかいわさん》」である。

『教行信証』において、第一命題、第二命題、第三命題と難解な網の目を通して明らかにしようとした「神祇」観が、そこでは「和讃」のリズムにのって明快に表白されている。「真仏土」「化身土」という神学論争を呼びかねない主題が、誰の目にも明らかな文脈のなかで生き生きと展開されていることに注目しなければならない。「神祇不拝」と「神祇否定」のジレンマを、かれがどのように考えていたのか、その道筋が鮮やかに記されているからだ。

親鸞は七十六歳のとき『浄土和讃』を書いたが、そのなかに「現世利益和讃」という十数節からなる和讃をつけ加えている。常陸から帰洛して十二、三年経ったころのことだ。今日「現世利益」を肯定的に云々するのは葬式仏教や観光仏教の側に加担することを意味する状況なきにしもあらずであるが、しかし宗教がその本来の力を保つためには、何よりも現世利益の因果と機能を自己のうちに統合しなければならないのはいうまでもない。

その「現世利益和讃」の一節をひいてみよう。

天神地祇《てんじんちぎ》はことぐく
善鬼神となづけたり
これらの善神みなともに
念仏のひとをまもるなり(11)
(名畑應順校注、岩波文庫。(11)は『定本 親鸞聖人全集』第二巻の通し番号。以下同じ)

天の神と地の神、あるいは天上界と地下冥界の鬼霊はすべて福徳をもたらす「善神」として、南無阿弥陀仏を唱える念仏の人びとを守護するという。この天地には、念仏の人びとを守る「善鬼神」「諸天善神」(5)がいる一方で、災禍をもたらす「悪鬼」(6)や「悪鬼神」(12)がみちみちている。そしてこれらの悪鬼神の群れは、本願力の信仰をもつ念仏者には、怖れて近づかないという。すなわち

願力《がんりき》不思議の信心は
大菩提心なりければ
天地にみてる悪鬼神
みなことぐ〳〵くおそるなり(12)

親鸞はおそらく農民大衆とともに、このような「霊界」の存在を信じていたのである。かれはこの「和讃」を布教上の政治文書として書いているのではないだろう。ただ一筋の信念が、もっとも単純な言葉を見出している例として読むべきではないかと思う。

この「現世利益和讃」で親鸞がふれている「利益」は、およそ次のようなものだ。「息災延命」(1)、「七難消滅」(2)、それに「三世の重障(重罪)」が軽くなる(3)、「流転輪廻のつみ」が消え「定業中夭《じょうごうちゅうよう》」が消滅する(4)、などである。また念仏の人を守護する諸天善神として、梵王・帝釈(5)、四天大王(6)、堅牢地祇《けんろうちぎ》(7)、難陀《なんだ》・跋難大龍《ばつなんだいりゅう》および龍

神(8)、炎魔法王《えんまほうおう》や五道の冥官《みょうかん》(9)、他化天《たけてん》の大魔王(10)をあげ、さらに観音・勢至(13)や無数の化仏、諸菩薩が、影の形にそうように、また夜昼を分かたず、百重千重に取り巻いて守護するといっている。

内省と苦悩の深みへ

親鸞はこの「現世利益和讃」をさきにものべたように七十五歳のときに書いているが、それからさらに十年ほど経って、八十五歳のとき、ひろく世に知られている「愚禿悲歎述懐和讃」を書いた。これは、晩年の重苦しい年輪を重ねていくにつれて、しだいに深まっていったかれ自身の苦悩を明かすしるしであるといっていいかもしれない。

さきにみた「現世利益」のほうは、いわば親鸞的世界における客体としての天神地祇を問題にしていた。ところがこの「悲歎述懐」の「和讃」は、作者自身に主体化されている天神地祇を主題にしている。前者は自己を含む念仏者にむかって問いかけているが、後者は念仏者の一人としての自己の内心にむかって問いを発している。それが「述懐」とされているゆえんである。八十の坂をすでに超えた、老親鸞の謙虚な懺悔《さんげ》の姿である。

浄土真宗に帰すれども
真実の心《しん》はありがたし
虚仮不実《こけふじつ》のわが身にて
清浄《しょうじょう》の心《しん》もさらになし（1）

浄土門の真実の教えに帰入したけれども、自分の心は外形とは異なって、虚仮と不実という不信心の世界に足をとられ、汚れの思いにみたされている、というのである。

自分のうちには蛇蝎のごとき悪性の心や奸詐《かんさ》の心が巣食い（3、6）、自力によって善行を積もうという浅はかで虚仮の気持が動く（同上）。しかもそのような自力の業はほんのさいな慈悲の心もないような自分にとっては（5）、所詮は雑毒であり、救われるためには何の役にも立たぬものだ。結局は阿弥陀仏の本願へと無私に身を託していくほかに救いの道はないのであるが（4、5、6）、しかし自分の心を食い破っている「虚仮不実」の姿だけはどうしても消えさることがない。「無慚無愧《むざんむき》」（4、6）のわが身がそこに動かしようもなく存在している。

このようにみてくるとき、「現世利益和讃」から「愚禿悲歎述懐和讃」にいたる晩年の十年において、親鸞の心の葛藤がいかに痛切なものであったかがわかるだろう。そしてその内省と苦悩の深まりが、すでに『教行信証』の「化身土」の巻に展開されていた主題と呼応し共鳴するものであったこともみえてくる。「神祇不拝」と「神祇否定」のあいだを行き来しながら自己の内心を凝視しつづけている老親鸞の姿である。

あえて誤解をおそれずにいえば、親鸞のいう「神祇(カミ)」観念の中身は、今日なお決着がつかないまま、われわれの迷いの無限軌道を走りつづけているように、わたしには思われるのである。

第六章　親鸞をよむ
——日本思想史のもっとも戦慄すべき瞬間——

わたしの『教行信証』体験

親鸞、といえば、まず『歎異抄』である。誰でも、その『歎異抄』を通して親鸞を語る。『歎異抄』の一つひとつの言葉を挙げて、親鸞の思想や人生を論ずる。それが常識となってきた。その常識を疑う者は、もうほとんどいない。すくなく見積もっても、それが明治以降ほぼ百年はつづいてきた。

しかし、それでいいのだろうか。そのような常識を保守することで、親鸞の存在を通りすぎていってもいいのだろうか。それはきわめて疑わしいことではないか。そう考えるところから親鸞に近づいていこうというのが、わたしの立場である。親鸞を根元的に理解しようとするときのわたしの出発点である。

知られているように『歎異抄』は過激な文章である。鋭い警世と批評の書である。それにふれる者の心を焼きつくし、それに近づく者を震撼《しんかん》させずにはおかない危険な言葉にみちみちている。それでもなお、ときに毒をさえ含むその言葉の一つひとつに、人間の怖ろしい真実を見出そうとする者がたえなかった。そこから発散される逆説の魅力に引きずりこまれていったのである。過激な思想がもつ不思議な深淵である。わたしもまた、このような『歎異抄』の圧倒的な魅力に魂をわしづかみにされてきた者の一人だ。

しかしあるとき、わたしは気がついた。親鸞には、もう一つ重要な著作がある、と。『教行信証』である。かなりの分量でふくれあがった難解な書物だ。堅苦しい仏典からの引用文がところせましと並べたてられている。だから長いあいだ座右においたまま、ろくに読むこともせずに放っておいた。親鸞についてものを考え、その思想を語るのにもっぱら『歎異抄』ですましていた。『歎異抄』を読むことだけで、親鸞を理解しようとしていた。それで親鸞がわかったつもりになっていた。だが、それが大いなる誤りであったことに気がついたのである。

やがてわたしは、長いあいだ毛嫌いしていた『教行信証』を読むようになった。二度、三度それを読み通すことによって、わたしは驚愕した。そこには、それまで予想もしなかったことが書きつらねられていたからだ。それまで慣れ親しんできた『歎異抄』とは、ある意味において似ても似つかぬことがそこで論じられていたからである。

親鸞の肉声にみちびかれて

まったく予想外のことだった。これはいかぬと思った。親鸞にたいする、ほぼ半世紀にわたる自分自身の誤解、誤認を正さなければならぬ、と思った。『歎異抄』の逆説からはしばらくのあいだ離れて、『教行信証』の説くところに耳を傾けなければならぬと考えるようになったのである。『教行信証』の吟味、検討抜きに親鸞を語ることはできない、――そのように内心からきこえてくる声が喉元《のどもと》にあふれ、それがその後の、わたしにおける親鸞研究の道標になった。

もう一つ、ここで注意しておかなければならないことがある。『歎異抄』が親鸞の弟子の唯円《ゆいえん》による聞き書であるということだ。親鸞が生前にいっていたことを、弟子の唯円がききとめ、備忘のために書きとめておいた文章から成っている。その意味でそれは、親鸞自身の手になる文章ではないということだ。それにたいして『教行信証』の方はまぎれもなく親鸞自身が書いたものである。青年期から壮年期をへて考えつづけてきたことを自分の肉声で語り、自分の言葉で文章にしている。

もっともその親鸞の肉声は、かならずしもこの著作において多くの部分を占めてはいない。さきにもふれたように『教行信証』は、じつにおびただしい数の仏典からの引用文で埋められているからだ。しかしそれだけにかえって、その引用文の間隙をぬうように挿入されている親鸞自身の言葉が、読む者の目には閃光を放って屹立してみえる。

その閃光のあとをたどって親鸞の肉声にみちびかれていくとき、いつのまにかわたしはわが目を疑うような思考の現場に立たされていることに気がついた。その肉声の内実については、このあとくわしくのべることにしよう。

ともかくとくにここでいっておきたいのは、その『教行信証』はさきの『歎異抄』とは違って親鸞自身が自分の手で書いた著作だったということだ。この『教行信証』こそが、親鸞という存在を読解するための第一次資料であって、それにくらべるときは、さきの『歎異抄』はむしろ第二次的な資料ではないかということである。

「著作」と「聞き書」の違いである。その「著作」と「聞き書」の違いを自覚するところから出発するのが、まず誰でもが自然に考えつく道筋だったのではないだろうか。ところが、それがそうはならなかったのである。理由はむろんさまざまあるだろう。そもそも『教行信証』が、普通の人間にはなかなか近づきにくい難解な書物であったということを挙げなければなるまい。しかしそれよりも何よりもその『教行信証』に先立って、『歎異抄』という作品のもつ逆説の魅力と、その断言命題が発する毒性の衝撃力に第一の原因があったと考えるほかないのではないだろうか。

このように考えるとき問題は、『歎異抄』と『教行信証』はいったいどこが違っているのか、ということになるだろう。両者の関係はどのようなものか、ということだ。聞き書『歎異抄』と真筆『教行信証』における思想の異同いかん、という問題である。

根本問題の発見へと向う人生

しかしここでは、このことにふれる前に、まず親鸞自身の人生の全体像を展望しておくことにしよう。いうまでもないことだが、親鸞の宗教・思想上の課題がかれの人生の有為転変とわかちがたく結びついて生みだされたものであったからだ。さらにいえば、親鸞は自己の罪深い人生を反省することで、人間における「悪と往生」という根本問題を発見するにいたったからである。

親鸞は、のちの伝えによると、藤原氏の流れをくむ貴族、日野有範《ひのありのり》を父として京都に生まれたとされている。真偽のほどはわからないが、武家が源氏を名乗って自己の勢威を誇ったように、本願寺という僧家も藤原氏を名乗って教団の正統性を主張しようとしたのかもしれない。この貴種の正統性が、のちの世の本願寺教団を大きく発展させることになったことはいうまでもない。が同時に、そのことによって親鸞の思想の革新性が曇らされることになったことも争われない。

かれは九歳のとき、天台座主の慈円《じえん》のもとで出家して比叡山にのぼった。慈円は『愚管抄』の著者としても知られる第一級の知識人だった。養和元年（一一八一）のことだ。平重衡《たいらのしげひら》の手により、奈良の東大寺が兵火で焼け落ちた翌年のことである。

その九歳のときから二十九歳までの二十年間を比叡山ですごすことになる。長い青春時代を山の上で送ったのである。かれにやや遅れる道元は比叡山で出家しているけれども、わずか二年たらずで山を降りている。日蓮も比叡山に足しげく出入りしているが、それでも十年前後にとどまった。

道元や日蓮にくらべるとき、親鸞の叡山体験がいかに長期にわたるものであったかがわかるだろう。その親鸞が比叡山を降り、京都の六角堂に百日の参籠をして聖徳太子の示現《じげん》をえたのが二十九歳のときであった。示現とは夢うつつのうちに見たビジョンということだ。そしてただちに、思い定めていた通り法然の門に入った。生涯の師のもとにおもむいたのである。

かれが法然のもとにとどまっていたのは、このときから数えてわずか六年である。承元元年(一二〇七)の念仏弾圧によって法然一門が散りぢりになるときまでのわずかな時期である。だがかれは、師の法然からあつい信頼をうけていた。なぜなら、師の主著『選択《せんちゃく》本願念仏集』を授けられるとともに、師の肖像を描くことも許されていたからだ。

この時期の親鸞は、さきにもふれたことだが自分の名前を二度にわたって改めている。最初は綽空《しゃくくう》という名にしている。これは法然の「七箇条起請文《しちかじょうきしょうもん》」という誓約書の署名のなかにでてくる。ところがまもなく、その綽空を善信《ぜんしん》に変えている。師の肖像を描いたころのことである。わずかの期間に自分の名を二度にわたって改めたというのは興味のあることだ。かれはすぐれた師に出会いながら、その自分がまだまだ本当の自分になっていないことを自覚していたのではないだろうか。

その親鸞の不安定な自己を根底から痛打したのが、承元元年に発生した専修念仏停止《せんじゅねんぶつちょうじ》の事件であった。延暦寺や奈良の興福寺は、かねてから法然による新宗教の運動をこころよく思ってはいなかった。念仏だけで救われるという「専修念仏」の運動に不安をかきたてられていたからだ。その旧仏教側が連合して、念仏門の掃討にのりだしてきたのである。住蓮や安楽のように処刑されるものまでがでる。そのうえ法然は土佐に、親鸞は越後に流されることになった。

越後の親鸞

越後は親鸞にとって冬は雪に降りこめられ、海にかこまれた流刑地だった。その地で、かれは恵信尼《えしんに》に出会っている。今日の言葉でいえば「結婚」している。やがて子どもが生まれ、家族のつながりができあがる。恵信尼は土地の地主層の出身であったようだ。こうして越後という風土が、よそ者の求道者・親鸞を世俗の世界へとつなぎとめる役割をはたしていく。流人《るにん》という無国籍の境涯が、そういう自由を許したといっていいかもしれない。

その妻の恵信尼が、のちになって娘の覚信尼《かくしんに》にあて手紙を書いた。いわゆる「恵信尼文書」と称されているものであるが、それによると建暦元年(一二一一)の三月、かれらのあいだに息子の信蓮房《しんれんぼう》が誕生している。

この年、親鸞は三十九歳になっており、流罪の生活もそろそろ終りに近づいていた。もしもそうだとするとかれは、このとき以前に恵信尼と結婚していたということになる。すくなくとも同棲をはじめていたことになるだろう。

「恵信尼文書」には恵信尼が親鸞を観音の生まれかわりだと思っていたことが記されている。かの女が夫を深く尊敬していたことがわかる。それなら親鸞自身は、恵信尼との生活をどう考えていたのだろうか。くわしくはわからないが、『教行信証』のなかでかれは、末法（仏教的な世紀末）の世の中では僧侶が妻をもち、子どもをつくることは当然である、という経典の一文を引用している。そのことからすれば、親鸞が恵信尼との共同生活を「破戒」の行為とは考えていなかったことが推測される。

その思いはおそらく、それ以前からかれの胸のうちにきざしていたのではないだろうか。なぜなら親鸞はすでに流罪になる以前に、京都で別の女性と「結婚」していたと考えられるからである。さきの「恵信尼文書」や親鸞自身の手紙によると、信蓮房が生まれる前に、すでに範意（印信）、小黒《おぐろ》女房、善鸞《ぜんらん》など三人の子どものいたことが明らかにされているのである。

親鸞は京都時代から結婚生活に入っていたのかもしれない。法然の門に入ったころである。法然もまた、そのような僧侶の生き方を、みずから実践することはなかったが是認していた。法然も親鸞も、禁欲の清僧という生き方をふりすてるところから、その宗教運動をはじめたからである。比叡山という山岳を拠点とする知的な浄土教にたいして、町や村に基盤をおく俗人の浄土教を押しひろめようとしていた。念仏を唱えることで、誰でも浄土に往生できる道を説き明かそうとしていたのである。

非僧非俗の生き方

こうして越後時代の親鸞は、もはや伝統的な意味での僧侶ではなくなっていた。かれはまず流人であった。そして公然と恵信尼と結婚し、子どもをもうけた。職業的な僧の生き方を拒絶したのである。それなら完全な俗人になってしまったのかといえば、おそらくそうではなかった。なぜならかれはこのとき以後、念仏の行者として阿弥陀如来の救いを信じ、その意味を説いて多くの同志をその周囲に集めていったからである。

親鸞は職業的な僧でもなく、さりとてたんなる世俗の人間でもないという、微妙な求道者の道をすすんでいった。そしてそのような自己の生き方をさして「非僧非俗」と称したのである。その言葉が『教行信証』の「あとがき」(後序)のなかにでてくることに注目しよう。これは僧を否定し俗を放棄する、覚悟の生き方をいったものである。たんなる僧、たんなる俗を超える生き方をいったものだ。

そのような個性的な生き方を可能にした舞台が越後という辺境の地だったのではないだろうか。かれはその地で、一切の虚飾を去った荒々しい自己の裸身に直面したはずだ。野性的な自然人を自己のうちに発見したのである。それが非僧非俗の宣言をつむぎだす機縁になったのだと思う。それだけではない。このような決意をうながすうえで、越後でみていたはずの海と雪の光景が強烈なイメージになってよみがえっていたのではないか。さきに論じておいたことだが、とくに海のイメージが……。

だが、それにしても親鸞の人間としての悲しみの思いは深かった。みずから非僧非俗といって面《おもて》をあげつつ、その心のうちには愛欲の世界におぼれていく自分自身の姿がみえていたからだ。『教行信証』の「信」巻に突然のように露頭する、かれ自身の肉声をきいてみよう。

> まことにしんぬ。かなしきかな愚禿鸞《ぐとくらん》、愛欲の広海に沈没し、名利《みょうり》の大山《だいせん》に迷惑して、定聚《じょうじゅ》のかずにいることをよろこばず、真証《しんしょう》の証《しょう》にちかづくことをたのしまず。はづべしいたむべし。

愚禿鸞とは、髪を剃り(禿)、罪人の頭になった愚かな親鸞、という意味だ。その親鸞が「愛欲の広海」に沈没し、「名利の大山」に迷っているといって、嘆き悲しんでいる。その内省の嘆きにもまた、越後の流罪体験がたたみこまれていた。恵信尼との愛の生活の記憶がにじんでいたはずである。「愛欲の広海」には、流罪地における海の光景と恵信尼との共同生活のなかから生みだされた情念が宿っているのである。

常陸の親鸞

建暦元年になって、親鸞は罪を許された。ときに三十九歳。このとき親鸞は、そのまま越後にとどまるか、それとも京都にもどるか、あるいは別の新天地をめざしてはばたくか、思い悩んだことであろう。だが、やがて師の法然が亡くなったことを知り、京都に帰ることを断念する。

それからさらに、三年が経つ。四十二歳になった親鸞は、恵信尼と子どもたちをともなって常陸に移住することを決意する。越後で生まれた信蓮房もすでに四歳になっていた。

当時、常陸には法然の念仏の教えがかなりの地域にわたってひろめられていた。法然自身も、源頼朝の妻・政子とのあいだに手紙の往復をしている。そのうえ、熊谷直実《くまがいなおざね》という関東武士も法然の有力な弟子となっていた。専修念仏をうけ入れる人びとがすこしずつ増えていたのである。親鸞はそういう事情を念頭において、常陸への移住を決意したのであったと思う。

はじめのうち、親鸞とその家族は東国を転々として、落ち着くさきがなかなか定まらなかった。やがて、常陸国笠間郡の稲田郷というところに腰を落ち着けることになった。以後、ふたたび京都に帰るまでのほぼ二十年間を、その地ですごす。四十代から五十代にかけての時期だ。

この稲田の田舎住まいのなかで、『教行信証』の草稿が書かれることになる。恵信尼の腹から末娘の覚信尼が生まれたのも五十歳をすぎたころだった。それだけではない。この土地は、あの親鸞の輝くような言葉を後世に伝えた『歎異抄』の作者、唯円の故郷でもあったことに注意しなければならない。稲田の地は、親鸞の人生がようやく中盤にさしかかり、豊かな稔りの季節を迎えるための、またとない舞台となったのである。

この稲田の里から南方約二十キロの地点に、筑波山がみえる。その標高九百メートルほどの筑波山は、峰が二つに割れているので双峰山ともいわれる。親鸞は越後から常陸に移って、海の姿とは明らかにちがう山のかたちに対面することになったのである。双峰の山谷は、はげしくゆれたかれの半生の辛い痛みをやさしく押し包んだであろう。越後では岩をかむ波の音をきいてすごしたかれは、この筑波山麓ではどのような音をきいて生きていたのであろうか。

その音は、京都の山に遠くこだまする、なつかしい響きではなかったか。稲田の道端にたたずんで筑波の山を仰いだ親鸞のまなざしには、あの京都の東山の、なだらかな山脈《やまなみ》が宿らなかったであろうか。夢のように遠い昔、父母の膝下からふり仰いだ東山、そして比叡山での憑《つ》かれたような修行のあい間に雲を通して眺めた山、山……、筑波の双峰の稜線は、親鸞のこのような望郷の思いをかきたてたのではないだろうか。

さきにもふれたことだが、親鸞が稲田の地を選んだのは、何よりも筑波の山をかれが選んだからではないかと私は思うのである。

陶淵明への思い

それからもう一つ、親鸞は陶淵明《とうえんめい》を愛読していた。とくにかれの「帰去来の辞」だ。「帰りなんいざ、田園まさに荒れなんとす」とうたっているあれである。陶淵明は役人の生活を辞して田舎に還《かえ》り、悠然として南山を仰いで暮した。親鸞は「帰去来の辞」を知っていただけではない。いつも口ずさんでいたのではないか。

ふたたび『教行信証』であるが、その「化身土《けしんど》」の巻に、善導の『法事讃《ほうじさん》』の一節を引いているところがある。「現世に執着してはいけない。仏のみちびきにしたがって早く浄土に還《かえ》るべし」といっている箇所である。この部分は『法事讃』の本文では、「去来、他郷には停まるべからず、仏に従って家に帰せよ」となっている。「他郷」とは娑婆《しゃば》世界のこと、「家」とはもちろん浄土をさす。

善導は、中国の浄土教を発展させた大立者である。日本の法然はもっぱらこの善導の教えにみちびかれて浄土宗を開き、親鸞もまた師・法然の衣鉢《いはつ》をついで善導をかがみとした。かれの善導礼讃の声は『教行信証』のどの巻を開いてもきこえてくる。いま挙げた『法事讃』の一文もその一つだ。

ところが親鸞は、この善導の本文に少々手を加えた。書き換えたといってもいい。坂東本『教行信証』は親鸞の唯一の自筆本とされているが、それによると『法事讃』からの引用文は、「帰去来、他郷にはとゞまるべからず。仏にしたがひて本家に帰せよ」と書き改めて、「帰去来」に「イサイナム」と訓読をほどこし、「家に帰せよ」を「本家に帰せよ」と読み変えている。

一見無造作に行なわれたようなこの書き換えに、陶淵明にたいする親鸞の熱い思いが伝わってくるようにわたしは感ずる。六朝《りくちょう》の詩人は、「帰りなんいざ」といって田園に帰った。そして親鸞のいるところも常陸の田舎である。詩人が野に出て南山を仰いだように親鸞も日々、遠くひろがる田園のかなたに筑波の山を仰いでいた。親鸞の帰去来の辞は、表面的には善導に託して浄土への回帰をうたったものだ。それはまず間違いないだろう。ただ、かれの「帰りなんいざ」の言葉には、そのような浄土へのあこがれの気持と同時に、いま自分がいる田園への愛情がわかちがたく重なりあっていたと思う。

東国の地と弟子をすてる

親鸞はこの常陸において、さきにもいったように二十年近くの歳月をすごすことになった。比叡山時代の二十年に匹敵する長期にわたる滞在といってよいだろう。それだけ常陸の風土を愛し、東国の生活になじんでいたのである。

当然のこと、弟子たちの数もしだいに増えていったはずだ。史料にあるものだけでも、親鸞に直接ついた弟子の数は六十人をこえている。むろんそれらの直弟子たちにはそれぞれ孫弟子にあたる信者がつくられていった。そういう細胞の増殖のような門下の増大のありさまが、たとえば「親鸞聖人門侶交名牒《もんりょきょうみょうちょう》」といった史料のなかからうかがうことができる。

他方、さきにふれたように東国にはすでに法然の門につらなる念仏の信徒が各地につくられていた。それが在地の領主層や百姓層とともに、かなりの勢力にふくれあがっていたことも考えておかなければならない。念仏のみによる浄土往生を説く専修念仏の運動が、人びとの心をつよくとらえるようになっていたのである。

勢力が増大すれば、そこからセクトが発生するのは避けられない。信仰の純粋性を固守しようとする急進派が突出するかと思うと、目前の利益に走る現実派が徒党をくむというようなこともおこったであろう。関東の念仏集団にも、そのような分裂と抗争をくり返す状勢がしだいに顕在化していった。

運動自体が内部崩壊の危機をはらむようになっていたのである。そしてそのすきをねらうように、文暦元年(一二三四)、幕府が念仏禁止の挙に出てきた。弾圧のほこさきが親鸞の身に直接向けられることになったのである。ときに親鸞、六十二歳。

かれの人生にとって、最大の危機であったといっていいだろう。このとき親鸞は、承元元年に念仏の禁圧にあって師の法然とともに京都を追われたときのことを思わなかったであろうか。その二十七年前に経験した危機が、ふたたび目前に迫っている。坐して待てば、前と同じ屈辱にみちた運命を強制されることになるかもしれない。

そのとき親鸞の心は大きく揺れていたのではないだろうか。長年住みなれた常陸の地をすて去って転身をはかるか。あるいは門弟たちとともに、その逆境の地にふみとどまるか。その二者択一の前で、かれの悩みは深まっていったにちがいない。

しかし結局親鸞は、関東をすて弟子たちもすてて京都に帰ることを選択する。このあとさらに三十年という寿命を生きつづける親鸞にとって、六十代のはじめはやっと人生の峠を越えたばかりの盛りであった。かれの前途には、まだまだやらなければならない仕事がたくさんのこされていたのである。

それならば親鸞は、その政治的な弾圧の嵐を避けるために身を退《ひ》き、その結果として弟子たちをすてることになったのであろうか。つまり心ならずも弟子たちのもとから離れることになったのであろうか。おそらくそうではなかったであろうと、わたしは思う。

当時、東国の念仏集団のあいだには、さきにもふれたように急進派や現実派がセクトをつくって対立を深めるようになっていた。法然派と親鸞派といったセクトもできあがっていたかもしれない。そこから、自分の弟子、他人の弟子、といった党派的な発想も発生するようになったであろう。法然の弟子、親鸞の弟子、といった呼び方で自己の正統性を主張する者がでてきたのである。

そういう状勢のなかで親鸞は、師と弟子というあり方への懐疑の気持を深めていったのではないか、とわたしは思う。信仰者の本来の生き方は、師とか弟子とかいう世界から解放されたものでなければならない。それは師から離脱し、弟子をすてるような単独者の生き方のなかで模索されるべきものではないか、――親鸞はそのように考えていたのではないだろうか。

親鸞はみずからすすんで東国の地をすて、弟子たちをすてたのであったとわたしは思うのである。

『教行信証』の根本テーマ

三十代のはじめに京都を出た親鸞が、六十の坂を越えるころになって京都に帰ってきた。流罪・遍歴の時代が終ったのである。関東伝道の旅がようやくにして幕を下ろしたといっていい。それは辛苦にみちみちた三十年だった。挫折と苦悩にさいなまれた三十年だった。しかし同時にそれは、人間の自由と喜びをかみしめることのできた三十年でもあったのではないか。

何よりも、その起伏に富んだ人生の長い峠道において、かれの創造的思索が実ったことに注目しなければならない。『教行信証』という、たぐいまれな個性的作品が誕生したからだ。親鸞はその『教行信証』の誕生とともに親鸞自身となったといってもいいからである。この章の冒頭にのべたように、親鸞という人間に近づくための第一次資料である。その宗教思想を理解するための根本資料である。さらにいえば、長いあいだ『歎異抄』によってゆがめられてきた親鸞の像を正すための根本テキストであるといってもいいだろう。

それでは親鸞はその『教行信証』のなかで、いったい何を主張しようとしたのだろうか。そこに凝縮されている主題は何か。枝葉を切りはらって結論をいってみよう。この作品に展開されている重大なテーマはただ一つ、父殺しの罪を犯した悪人ははたして宗教的に救われるのか、という問題だった。

かつて古代インドに、ビンビサーラという王がいた。イダイケ（ヴァイデーヒー）王妃とのあいだにアジャセ（アジャータシャトル）という王子が生れたが、王子は成長してのち父王を殺し、母を獄に投じて苦しめる。世に知られる「王舎城の悲劇」だ。『涅槃経《ねはんぎょう》』や『観無量寿経《かんむりょうじゅきょう》』などの大乗経典に説かれている物語である。主人公のアジャセはやがてブッダの導きによって回心し、仏弟子となる。よくある悪人回心のストーリーだ。だが大乗仏教の伝統は、この物語のなかから精神を切り刻むような論題をつかみだす。父殺しは阿弥陀如来によって救われるのか。そこに条件はあるのか、ないのか。仏教における一種の危機神学の論題である。

その論題が数百年の論争の歴史をへて、末法の世に生きる親鸞の精神をとらえた。『教行信証』こそ、その歴史的な問いにたいするかれの全身的な応答だったのである。

阿弥陀如来の救済力は根元悪に及ぶか

この作品のはじめのところをみてみよう。そこに親鸞は、アジャセ逆害のテーマをまっさきに掲げている。父殺しの救済物語がこの書の第一主題であることが、それによってわかる。この第一主題は、巻を追うごとに新しい旋律と変奏をつむぎだして、終結部のクライマックスへと高調していく。

いまのべたばかりであるが、この物語の注目すべき点は、悪人救済における条件の有無の問題である。それにかんする論争が、親鸞以前すでに長い歴史をへて論じつくされていた。そのおびただしい論争のなかからかれによってすくいあげられたのが、『大無量寿経』にあらわれる厳しい規定だった。父殺しの罪を犯したアジャセは無条件に救われるのではない、という除外規定がそれである。

唯除五逆誹謗正法
（ただ、五逆罪を犯した者と仏法をそしる者は、除く）

五逆とは、父殺し、母殺し、聖者殺し、および仏のからだを傷つけ、教団を破壊する者、をいう。阿弥陀如来の救済力は、「五逆」と「誹謗正法《ひほうしょうほう》」の罪を犯した者の身には及ばないということだ。この除外規定は、はたして真か偽か。親鸞はその問いにむかって、さらに思索を重ねていく。阿弥陀如来の救済力は有限なのか無限なのか。人間の根元悪は、阿弥陀如来への信によってはたしてのり越えられるのか、のり越えられないのか、――親鸞が直面した大きな問いである。かれがこの問いの前に立ちどまったとき、おそらく日本の思想史はもっとも深刻で、もっとも戦慄《せんりつ》すべき瞬間に立ち会っていたはずだ。わが国の歴史においては、あとにもさきにもない経験だったと思う。

その問いと四つに取り組んだ葛藤のあとが『教行信証』という作品を生んだ。そしてその最後の解答が、その末尾に登場する。父殺しが救われるためには、「善知識」と「懺悔《さんげ》」の二条件が決定的に重要である、というのがそれだ。「善知識」とは善き教師、そしてその師について自己の罪を深く反省することが「懺悔」である。この二条件をクリアすることで、さきの「五逆」と「誹謗正法」の除外規定をのり越えることができる。五逆の根元悪が解消される、――親鸞はそのように語ってその主著をしめくくっているのだ。

親鸞における「悪人正機《しょうき》」の核心である。かれの主著『教行信証』における、悪人救済思想の第一原理である。『教行信証』全篇に重層するさまざまの枝葉を切りはらっていえば、そうなる。かれの論理の太い筋をたどっていけば、そこに帰結する。

『歎異抄』の悪人正機論

ところが、である。もしもそうであるとすると、われわれはここで大きな矛盾に出会うことになる。不思議な撞着に直面することになる。なぜなら、いまのべてきた『教行信証』の「悪人正機」説が、『歎異抄』に展開されている「悪人正機」説と根本的な認識において乖離していることに気づかされるからである。『教行信証』のいう「悪人往生」が『歎異抄』の主張する「悪人往生」とは異なった音色《ねいろ》をひびかせているように映るからだ。

さらにいえば、『歎異抄』における悪人救済論には、「善知識」と「懺悔」のテーマはまったく出てこない。父殺しのような極重の悪人が救済されるためには二つの条件が必要であったとする親鸞の考えが、『歎異抄』においてまったく登場することがないのである。

そのことの問題性を確かめるためにも、ここでは『歎異抄』における「悪人往生」論がどのような性格のものであったかを、ざっとみておくことにしよう。

端的にいって、『歎異抄』には、悪ないし悪人について三種の重要な言明がなされている。第一が、その第三条に出てくる有名な「悪人往生」の問題である。「善人なをもて往生をとぐ、いはんや悪人をや」。悪人こそが阿弥陀如来によって救われる第一走者(＝正機)であるということだ。

第二が、第十三条の前半にあらわれる善悪＝宿業《しゅくごう》の論である。われわれが日常的につくりつづける罪のすべては「宿業」によるということだ。千人殺せといわれても殺せない場合もある。逆に、一人でも殺すまいと思っていても、千人殺してしまう場合もある。そのどちらに転ぶにしても、要はその人間の宿業によるものであって、心の善し悪しによるのではない。「卯毛《うのけ》羊毛《ひつじのけ》のさきにいるちりばかりもつくるつみ」の言葉で知られる条文である。どんな小さな罪でも、それは前世からの宿業による、という怖ろしい人間認識である。

第三が、この同じ第十三条の後半に記されている。すなわち、海や河で魚をとり、野や山で獣や鳥をとって生活する人びとにかんしていっているところだ。かれらは毎日のように生き物を殺す悪を犯しているが、しかしそのかれらも如来の本願によって救われる対象だという。「うみかわに、あみをひき、つりをして、世をわたるものも、野やまに、しゝをかり、とりをとりて、いのちをつぐともがらも」とある箇所である。

以上三種のことが、親鸞の語った言葉として『歎異抄』に書きとめられている。そのため親鸞における悪と悪人の問題を論ずるとき、ほとんどの論者がこの三種の言明にふれて自説を展開してきた。これをかりに単純化していえば悪人正機論、善悪＝宿業論、生殺与奪の倫理観の三種ということになるであろうか。

悪と悪人について考え抜く

第一の悪人正機論は、善人と悪人を対置し比較して、悪人こそが往生できる「正機」(第一走者)とする。いってみれば悪人＝指定席論であるが、しかしその「悪人」の内容はかならずしも明らかではない。善人と悪人がただ抽象的なレベルで対比されているだけだからだ。

第二の善悪＝宿業論については、これまで難解きわまる宗教哲学的議論やこじつけにちかい言い訳がかぎりなくつみ重ねられてきたが、要するに一種の宿命論である。人間の行為の原因は、その心理的社会的な動機を離れたところにあらかじめ設定されている、とする。悪は、人知を越えた歴史の深層に潜在している。

これにたいし第三の生殺与奪の倫理観は、生き物を殺さずしては一日も生きえない人間の生活感覚に根ざす自己認識である。ただしこの場合の生き物とは人間以外の生き物のことである。生活者の日常的な倫理感覚にもとづく悪・悪人の認識である。

いま、第一の悪人正機論は当の悪人の内容が不鮮明で抽象的であるといったけれども、その欠を補うために、第二の善悪＝宿業論と第三の生殺与奪の倫理観がよくもちだされる。親鸞における悪人の実態解明に役立てようというわけである。第二の善悪＝宿業論には、人間というものにたいする深刻な怖れの感覚が潜んでいる。いざというとき何をするかわからない奇怪な可能性をもつ存在——それこそが人間だとする認識が底流している。戦慄すべき人間観だ。これにたいし第三の生殺与奪の倫理観は、人間が生きていくためには他の生き物を殺して食べるほかはないとするエゴイズムの自己認識に発する。否、人間の生き残りをめざすエゴイズムの合理化、といってもよい。人間が人間でありつづけるかぎり、絶対に手離すことのできない生の根拠である。もしも自然界の王者がどこかにいたとしたら、かれはそのような人間の主張を極悪非道の倫理と呼ぶだろう。親鸞はそういう異界からの他者のまなざしに鋭く反応していたのだ。

右にのべてきた悪と悪人にかんする第一、第二、第三の視点は、むろん親鸞だけに固有のものだったわけではない。なぜならそれは、すでに人類史のはじめから自覚され追究されてきた命題だったからだ。だが、わが国においてそのことをもっとも激しく、そして主体的に考え抜いたのが親鸞であった。かれによって語り伝えられた『歎異抄』が、数えきれない人びとの心を揺さぶりつづけてきたゆえんである。

可能態の悪と実現してしまった罪

しかしそれにもかかわらず、わたしはいわなければならない。『歎異抄』における右のような議論は、親鸞の悪＝悪人論の本質からすれば、まだそのほんの一部分だけをカバーしているにすぎないのだ、と。なぜならかれの主著である『教行信証』には、『歎異抄』においてはまったく見出すことのできない、悪と悪からの救済についての究極の問題が論じられているからである。

端的にいってしまおう。『歎異抄』で説かれている論旨は、悪人正機論であれ、善悪＝宿業論であれ、われわれ人間にはそもそも悪（＝殺人）を犯す可能性があるという議論だった。いつでもそうなりうる可能性における悪であり、可能態における悪人の問題だったといってよい。ところがこれにたいして『教行信証』で展開されている逆害論は、アジャセという父殺しの悪が主題とされている。気がついたとき、すでに殺人を実現してしまっていた人間の悪の問題である。可能性における悪の問題とは決定的に異なる状況といわなければならないのだ。

そして、この父殺しという逆害をすでに実現してしまった人間の罪が償われるためには、「善知識」と「懺悔」の二条件が必須であると親鸞はいったのである。悪人アジャセが阿弥陀如来の慈悲によって救われるためには、それが絶対に欠かせないといって二つの条件をさしだしたのである。

おそらく、そのためであろう。可能性における悪のみを問題にしている『歎異抄』は、罪の大転換のために必然とされた「善知識」と「懺悔」の問題に、一言半句ふれてはいないのである。気がついたとき殺人の罪を犯してしまっていた人間の戦慄の感覚が、そこではまったく欠けているからだ。

このようにみてくるとき、悪と悪人にかんする「アジャセ逆害」の主題が親鸞においていかに重大なメッセージであったかということがわかるはずである。そしてそのことにまったく言及しない『歎異抄』が、かならずしも親鸞思想の本質を表現したものではないということが明らかになるであろう。親鸞はこうして『歎異抄』においては、いまだその思想の片鱗を示しているだけである。かれがその思想上の苦闘のみならず、かれ自身の人生の起伏に富む全体像をリアルにあらわにするのは、ただ『教行信証』においてだけなのである。

時代の足音

常陸の地を去って京都に帰った親鸞は、さらにそのさき三十年を生き抜いて九十歳の寿命を全うする。わが国の宗教史においては希有の寿命であり、かれの強靭だった肉体をそれはしのばせる。

かれの晩年がそれまでの人生と同様に心身ともに充実していたことは、七十六歳のときに『浄土和讃』と『高僧和讃』を、そして八十五歳ごろになって最後の『正像末浄土和讃《しょうぞうまつじょうどわ》讃《さん》』を書きのこしていることからもわかる。なかでも、『正像末浄土和讃』に書いている内容が胸を打つ。「正像末」とは正法・像法《ぞうぼう》・末法のことだ。ブッダがインドで入滅したのち正法(黄金時代)が衰え、像法(白銀時代)へと下降し、最後に末法(暗黒時代)へと突入する。その暗黒時代の「末法」のまっただ中にいま自分は生きている、という自覚をのべた和讃である。「悪人」の自覚といっていいだろう。その悪人が救済されるための「悪人正機」の自覚の表明といってもいい。『歎異抄』の表層を突き抜けた『教行信証』の第一主題がそこにも鳴り響いている。そしてその背後に、右にのべてきたような「末法」という時代認識が親鸞の全身をとらえていたことを忘れてはならないのである。

親鸞は弘長二年(一二六二)十一月二十八日、この世を去った。その父を看取ったのが末娘の覚信尼である。かの女の手で葬送と拾骨の儀がおこなわれ、東山大谷《おおたに》の地に墓がつくられた。のちの本願寺の前身である。

この親鸞の死の二年前に、日蓮が『立正安国論』を書いていた。そしてその親鸞の死の十二年後になって、蒙古が日本列島に襲いかかる。その地鳴りのような時代変動の足音を、死を目前にした親鸞の耳はあやまたずとらえていたのではないだろうか。

第七章　恵信尼にきく

——日本思想史の背後に隠されていた「あま　ゑしん」の素顔——

恵信という女性

親鸞の妻、恵信尼《えしんに》について考えてみたい。

親鸞の妻としての恵信尼、ということであるが、しかしここではそれ以上に、恵信尼その人について語ってみたい。

恵信尼その人の世界に明りがさしたとき、その恵信尼の存在が夫の親鸞とともにどのように位置づけられるのか、そんな生活の一端もみえてくるのではないか。親鸞の真のありかをたずねていく上でも、それは欠かせない仕事ではないかと最近とくに考えるようになった。

いま、恵信尼を親鸞の妻といったけれども、しかしかの女がはたして今日われわれが考えているような妻の位置にあったのかどうかが、必ずしも判然とはしない。尼・恵信のありかは、もっと自由な境涯にあったのではないかとも思う。

が、ともかくもいま述べたことがらとも深く関係することであるが、恵信尼という親鸞の「妻」であった人について書くのは、いささか心に負担がかかる。

その理由のひとつに、そもそも宗教家の妻について書くということの難しさをあげなければならないだろう。かつての宗教家は、ホンネのところはともかくとして独身の生活を送るのが普通であった。少なくとも前近代という歴史の枠組のなかで考えるとき、妻と連れ立ったり、家族の中で談笑する宗教家を想像することには、かなりの抵抗感がともなう。

第二の理由として、とくに恵信尼の場合、彼女と親鸞の夫婦の関係が実態的にどういうものであったかということがよくわからない。その関係が、どうやら一夫一妻の関係ではなかったらしいということにもそれはかかわっている。たとえば親鸞には、複数の「妻」が存在していたということがしばしばいわれる。もしもそうであるとするならば、それは一夫多妻的な性格のものだったのか、それとも何らかの理由で順次新しい妻をめとっていったのか。それがよくわからないのである。かりにそのような場合、「妻」と考えられる女性はかれの周辺に何人まで数えることができるのか。二人か三人か、それともそれ以上か……。しかしそれが、まるで雲をつかむようでよくわからない。

このような状況のなかで、恵信尼のことおよび恵信尼と親鸞の関係を読み解いていくうえで欠かすことのできない重要資料が、いうまでもなく「恵信尼文書」と称するものだ。この資料は、大正十年（一九二一）の初冬に、京都にある西本願寺の宝蔵のなかから発見された。それ以来、多くの研究者によって解読が試みられ、その努力の蓄積のうえに親鸞研究が飛躍的な発展をとげてきた。だがその反面、右にのべてきた親鸞の「妻」に関するさまざまな学説や憶説が相互に入り乱れ、逆に収拾のつかない状況に陥ってしまった面もないわけではなかった。それほどに、この「恵信尼文書」の解読という仕事は困難をきわめたのである。

二つの夢の話

ただそうした事情のなかにあって、親鸞と恵信尼の関係についてこれだけは動かないだろうという事実がいくつか存在する。それがこの「恵信尼文書」の書状の第三通に記されている事柄である。

親鸞は弘長二年(一二六二)十一月二十八日に、九十歳で亡くなった。葬送と拾骨の儀がすみ、翌日の十二月一日になって父を看取った娘の覚信尼《かくしんに》がそのことを越後にいた母の恵信尼に書き送った。それにこたえて出された恵信尼の返書が、いまのべた「第三通」である。このとき恵信尼は八十一歳になっていた。

この書簡の中で、恵信尼は親鸞にかんする二つの思い出を語っている。一つは、比叡山で修行中の親鸞が二十九歳のとき山を降りて六角堂に籠り、九十五日目の暁に聖徳太子の示現《じげん》にあずかって夢のお告げをうけたという思い出話。これを転機としてかれが法然の門に入ったことはよく知られている。第二が、かつて恵信尼自身が親鸞とともに常陸の下妻《しもつま》に滞在していたときにみた夢の話である。――仏堂が建てられ、その前に鳥居のようなものがみえる。よくみると、そこに二体の仏の顔がかけられているではないか。一体はたしかに仏の顔のようにみえるけれども、全体が光に包まれていて輪郭がはっきりしない。それに対してもう一体は、明白に仏の形をしている。そこで、これはどのような仏かと問うと、誰とも知れぬ声で、光に包まれているほうの仏は勢至《せいし》菩薩で、じつは法然上人のことだという。もう一体はと問うと、あれは観音菩薩で、じつはこれこそ「せんしん(善信)の御房《ごぼう》(すなわち親鸞)」であるという声がして、夢が覚めた……。あとから、との(親鸞のこと)に、法然上人が勢至菩薩の化身としてあらわれたことはお伝えしたが、しかし「殿」が観音菩薩の化身として出現したことは申しあげなかった……。

この手紙のなかで恵信尼が、親鸞のみた夢と自分がみた夢の二つを対応させるように並べて記し娘に書き送っているところが、わたしは面白いと思う。かの女は親鸞の六角堂体験について、聖徳太子の文を結んでその「示現」にあずかったと記して、必ずしも「夢」

とは書いていない。けれどもその「示現」は夢の中の出来事であったと解してさしつかえないであろう。夢の中での「聖者」との出会いが親鸞と恵信尼の信仰を支え、恵信尼の記憶に深く刻まれていたといってよい。それはかの女にとって、なんとしてでも後世に残し伝えておかなければならない、いわば霊的な奇蹟であった。

つぎに注目したいのは、恵信尼が親鸞に自分のみた夢の内容を伝えるにあたって、親鸞が観音菩薩の化身としてあらわれたことを秘して報告しているということだ。勢至菩薩の化身としてあらわれた法然上人については何の抵抗感も抱かなかったのに、「夫」の親鸞についてはあからさまにそのことをいえないでいる。恵信尼のいってみれば含羞の表情が見え隠れしている。恵信尼からみた「ほうねん上人」と「せんしんの御房」のあいだの落差がそういう形で影をおとしているといってもいい。

だがそれはそれとして、ここでは恵信尼が親鸞を心の底(あるいは夢のなか)では観音の化身としてそのままうけとっていたらしいことが重要ではないだろうか。それをあからさまにはいっていないけれども、「夫」親鸞を師の法然上人と同じように「菩薩」としてうけとり、いわば阿弥陀三尊仏のイメージのなかに位置づけていたような気がわたしはする。

土着の匂いのする信仰

法然の場合と同様、親鸞もまた菩薩の化身だとする生々しい信仰がそこには息づいているのではないか。そのうえこのような化身信仰は、何ほどか土着の生き神信仰ときびすを接しているようなところもある。遠く離れた越後の空で、親鸞とは別々に暮していた老境の恵信尼にとって、親鸞の記憶はしだいに「夫」の影を消し去ってほとんど法然上人と同等の「聖者」のイメージをたたえるようになっていたのかもしれない。そしてその点において恵信尼のみた「夢」は、親鸞によってみられた「夢」とは微妙にその水準を異にしていたのではないだろうか。それだけではない。その水準の相違は、たとえば親鸞書簡の筆づかいと「恵信尼文書」にみられる筆づかいのあいだにも判然とみとめられるのである。

つまりそれは、恵信尼の手紙に用いられている文字づかいのことであるが、知られているようにそのほとんどが平仮名で書かれている。いわゆる女文字で記されている。「わうしやう（往生）」も「ごせ（後世）」もそうであるし、「せいし（勢至）」も「くわんおん（観音）」もそうだ。したがってまた法然と親鸞に言及するときも、上記したように「ほうねん上人」と「せんしんの御房」と記している。俗世の呼称としては「上人」と「御房」というように使い分けているが、しかし夢のなかのこと、信仰上のことになると「せいし」

と「くわんおん」のように同等の呼称になっている。

恵信尼の筆蹟は、このあとみていくように、たしかに稚拙である。伸びやかな勢いはあるにしても素朴である。けっして上手の筆づかいというわけにはいかないだろう。しかしながら自分の体験したこと考えたことを、淡々と、ありのままに叙述していく文章には、現実をたじろがずにみている落ち着いたまなざしが宿っている。

親鸞の著作や書状に見られる観念の昂揚や激情のほとばしりが、ここにはすこしもあらわれない。

そこに、尼・恵信の土着の匂いのする信仰生活の味わいが漂っているように、わたしは思うのである。

自らは「ゑしん」と名のる

これまで、親鸞の妻・恵信尼というように書きつづけてきたけれども、しかしじつをいうと恵信尼は自分のことを「恵信尼」と名のっていたわけではない。かの女は自分のことを、ただ「ゑしん」とだけいっているからだ。

同じように自分のことをとくに親鸞の妻と称しているわけでもない。今日いうところの妻に当たる地位にいたことはほぼ確かであるにしても、だからといって自分のことを親鸞の「妻」であるといったり書いたりしていたわけではない。今日われわれが普通に考えているように、「妻」という言葉をもって自分のことを考えていたのかどうか、はっきりしたことはわからないとさきにいったのもそのためだ。

「恵信尼文書」は、さきにも記したように、長いあいだ西本願寺の宝庫のなかで眠っていた。それが発見されたのが大正十年（一九二一）だった。そして十二年に鷲尾教導がその全文とともに註を付して出版、紹介してから、ひろく一般に知られるようになった（西本願寺蔵、重要文化財『恵信尼文書』監修・解説 宮崎圓遵、法藏館、一九七七年五月二一日〈復刻版〉）。

この文書は恵信尼が書いた十通の書状からなるが、その第一通の末尾の署名の箇所にかの女が自分のことを「ゑしん（恵信）」と称していたことが、ここからわかるだろう。恵「ゑしん」と記され、第五通には「ゑ信」、そして第六通では「恵しん」と書かれている。信尼と尼をつけていなかったことが明らかである。

わたしなどは、親鸞の妻を恵信と呼び捨てにはしないで、尼の一字をつけ加えた尊称が恵信尼であると、何となく解してきた。一般にもそのような慣用がみられ、そのいい方をさらにていねいにして恵信尼公と書く事例も多くみられる。

つまり親鸞を親鸞聖人あるいは親鸞上人と称するように、その妻・恵信を恵信尼もしくは恵信尼公と呼ぶようになったのかもしれない。

もしもそうであるとするなら、親鸞の著作を集めたものを「親鸞著作集」と呼ぶように、恵信の書簡を集めたものも「恵信文書」と呼べばすむことである。だが、それがたまたま「恵信尼文書」というようになったのは、親鸞の著作集を「親鸞聖人著作集」と尊称をつけて呼び慣わしてきた方式を踏襲するものだったことになる。

そういうことがあって「恵信尼文書」と呼ばれるようになったとすれば、それなりに理解できることであるが、しかしその恵信尼自身のこととして考えれば、自分のことはあくまでも「ゑしん(恵信)」であって、恵信尼とはいわなかったわけである。

さまざまな「尼」の像

歴史的にいえば、尼といういい方には敬っていう尊称の場合もあれば、見下げていう蔑称もあった。むろん女性の出家者の場合、僧と区別してたんに尼という場合もあった。夫が死んで、あとにのこされた妻が尼となる例も古くからあった。源頼朝の妻、北条政子も、夫の死後に尼の姿になっている。心は俗人、形は尼、といったケースである。そうすることで再婚の意思を放棄したことを示し、婚家における身分や経済的地位を確保したのだともいう。尼がかならずしも出家者を意味するとはかぎらなかったわけだ。他方で、尼の姿はしているけれども、じっさいは乞食をする尼、絵解きをして金品を手にする（熊野）比丘《びく》尼《に》のような尼も、すでに鎌倉、室町時代には登場するようになっていた。

恵信尼についていえば、その「尼」姿の生活が右のいずれの尼であったのか、よくわからない。どのような座標軸に位置づけるかによって、恵信の姿はいろいろに変貌するだろう。とはいっても、一つのパターンには納まりきれないいくつかの尼像が、かの女の運命には重なり合っていたかもしれない。恐らく、その可能性が高い。

恵信尼はさきに記したように、自筆書簡では自分のことを「ゑしん」と自署していた。恵信尼とは書いてはいない。だが、のちに本願寺教団が形成されていくにつれ、その伝統を正統化する系譜がつくられる。たとえば「本願寺系図」などがそれだ（『続群書類従』系図部）。

それによれば、範宴（親鸞）の配偶者の位置にあたるところに恵信尼の名はでてこないけれども、しかし親鸞の子女七人の最後のところに「覚信尼」の名がでてくる。これまでのべてきた「恵信尼文書」の筆者・恵信から、その書簡を送りとどけてもらった娘の名である。

ただここに記されている「覚信尼」の尼が、本来、右にのべた尼のカテゴリーのうちのどこに属するのか、それもよくわからない。当の恵信尼も、すでにそのころから、娘の覚信尼の場合と同じように恵信尼と呼ばれていたのであろう。いずれにしろ何ともはっきりしない話である。

ところが、時代が降って、親鸞と恵信の関係をめぐる書物や研究書が書かれる段になって、「親鸞―恵信関係図」ないしは「関係略図」なるものが、読者の理解のためその著者たちによって作成されるようになった。そしてそのなかに、誰の目にもわかりやすい形で親鸞一族の名が書きこまれるようになる。その中心的な位置に、親鸞（聖人）と「恵信尼」の婚姻関係を示す名が記され、子女のなかに「覚信尼」が書きこまれるようになった。女系をたどって恵信尼―覚信尼の名が前後して併記されるようになったのではないだろうか。親鸞を親鸞聖人（上人）と呼ぶように、恵信や覚信を敬って恵信尼、覚信尼と尊称をもって呼ぶようになったのであろう。

娘・覚信尼をめぐって

ここで、もう一つつけ加えて検討しておかなければならないことがある。覚信尼についてである。恵信尼と親鸞のあいだに生まれた娘、覚信尼についてである。本願寺の継承問題において、覚信尼は要となる役割をはたした人物だ。なぜなら母、恵信尼の遺言状とも言うべきその自筆書簡にもとづいて、父・親鸞の宗教的遺産を後世の子孫に伝達する地位についていたからである。その重要な遺産の一つが父・親鸞の廟所であり、その遺体を祀る仕事がかの女に託されたのだった。

次いで建治三年(一二七七)九月、覚信尼はその廟所の土地のすべてを親鸞の門弟たちに寄進している。その土地の寄進状によって、廟所はのちの本願寺教団が発展していく根拠というか、出発点となった。その意味において、教団の運命を決する重要文書だったわけである。そしてその寄進状の末尾に、かの女は「あま覚志ん(尼・覚信)」と自署している。それが建治三年のことだった。親鸞の没後、十五年がたっていた。

ところがこの尼・覚信は、その三年後の弘安三年十月二十五日になって、再び寄進状をしたためている。二人の息子に、そのことを確認させるためであった。

ちなみに覚信尼は、はじめ日野左衛門広綱という貴族と結婚し、覚恵と名づけられる男児をもうけていた。この覚恵の子が、のちの本願寺第三代の門主・覚如になる。しかし日野広綱は覚恵が七歳のとき亡くなり、覚信尼は小野宮《おののみや》禅念と再婚する。そのあいだに生まれたのが唯善だった。のちに親鸞の廟所(大谷本廟)をめぐって継承争いを演ずることになる人物であるが、そのことを覚信尼はすでに予感していたのかもしれない。この二人の異父兄弟をいさめ、土地のすべてを親鸞の門弟集団に寄進することを納得してもらうために、ふたたび寄進状を作成したのである。そしてその末尾に自ら署名し、続いて唯善と覚恵に連署させたのであった。

あま覚信　　ありはん
唯善童名
一名丸　　ありはん
覚恵房名
専証　　ありはん

恵信尼は自筆書簡の「恵信尼文書」において、自分のことを「恵信」と表記した。ところが、娘の覚信尼はのちに廟所の寄進状をしたためて、自分のことを「あま覚信」と自署している。後世の本願寺教団の、いってみれば基礎をつくった二人の女性が、そのことを証する重要な文書においてそれぞれ「ゑしん」「あま・かくしん」と称しているわけである。問題は、それをどのように解釈したらよいのかということだった。さらにいえば、覚信尼の場合における「あま・かくしん」の「あま」をどのように解するか、ということになる。

俗人に近い「あま」として

ここから抽きだされる一つの解答が、「恵信尼文書」における「ゑしん」は、実は「あま ゑしん」を指していたのではないかということだ。恵信尼は「あま 恵信」ではないかということである。そのとき恵信尼は、夫の親鸞に死に別れて未亡人になっている。娘の覚信尼も、寄進状をつくったとき、再嫁した第二の夫、小野宮禅念を亡くしている。それで「あま かくしん」と称していたことと、それは対応するだろう。その点で二人は共通する地位にあったことがわかる。いってみれば、夫を喪った未亡人という身分を共有している。

このように考えるとき、「恵信尼」の尼も「覚信尼」の尼も、出家者としての尼であるよりは、むしろ夫を喪った未亡人を指していう尼である可能性が高いことにならないか。恵信尼や覚信尼という場合の尼を尊称、敬称と考えるよりも、それぞれの身分と当時の慣習にしたがって「未亡人」の「あま」と考えるほうが自然であるだろう。

第一、覚信尼がその寄進状における自署として尊称や敬称をつけるとすれば、それはかなり不自然な行為と映るからだ。控えめにへりくだった自称として、恵信尼はその自筆書簡において「ゑしん」と書いたのだったと思う。同じように覚信尼も、息子の二人とともに門徒にむかって自分たちの権利放棄、すなわち門徒への土地寄進を申し出たのであったにちがいない。その自然な表白が「あま　かくしん」になったと解するほかはないだろう。

こうして私は、「恵信尼文書」は「あま　ゑしん」によって書かれた文書であると考える。それは「土地寄進状」における「あま　かくしん」が存在していたような場所に、「あまゑしん」も生活の場を置いていたということだ。そしてもしもそうだとすると、「恵信尼文書」はその性質上「尼・恵信の文書」と称すべき記録、ということになるだろう。もちろんこのことは、あま恵信を歴史的に尊び、敬愛の念をこめて「恵信尼公」と呼び慣わしてきたこととは、また別の次元に属する事柄である。

なぜ、この問題にたいしてこのようにこだわるのか。それはひとえに「あま　ゑしん」

のありかが、おそらく出家者であるよりは俗人に近いところに存在していたであろうと思うからだ。親鸞の場合によりそっていえば、恵信尼の身分上のあり方が「僧」よりは「俗」に近いところで呼吸していただろうということである。親鸞がみずからを「非僧非俗」といっていたように、「あま ゑしん」もまたみずからを、僧にあらず俗にあらずと考えようとしていたのではないか。そう考えるほうが自然であるように思う。後世のわれわれは、親鸞を親鸞聖人(もしくは上人)と称するように「あま ゑしん」を恵信尼もしくは恵信尼公と呼び慣わすことによって、もしかしたらその「あま ゑしん」の本来のあり方をゆがめてしまっていたかもしれないのである。

以上が、「恵信尼」といわれる親鸞の妻に近づいていくためのわたしの前提である。「恵信尼」という社会的に形成された女性のイメージのかなたに「あま ゑしん」のありかを探っていくための、不可欠の手続きだったといっていい。そのような前提に立って「恵信尼文書」と称される文書の内容を検討していくとき、そこからは今まで知られることのなかった「あま ゑしん」の生活の一面が浮かび上ってくるだろう、とわたしは思っているのである。そしてその「あま ゑしん」のありかは、「しんらん」その人のあり方とも深いところでつながっている。「せんしんの御房」の生活とそのままつながっているのである。

「恵信尼文書」とは何か

さて、それでは「恵信尼文書」とはいったいどういう文書なのか。その内容はどういう性格をもっているのか。つぎに考えるべき重要な課題である。

この文書が発見され、一般に知られるようになったいきさつについてはすでにふれたが、文書自体は、恵信尼が書いた「下人譲状《げにんゆずりじょう》二通」と「書状八通」、そして「無量寿経《むりょうじゅきょう》の音読仮名書三葉半」からなる。

「下人譲状二通」は、恵信が使っていた「下人」(女六人、男二人)を末娘の覚信に譲与する旨を記した書状である。親鸞の晩年、恵信は夫と別れて越後に下ったが、やがて京都で生活する親鸞と覚信を支援するためにそうしたのであろう。

次の「書状八通」は、生前の親鸞と一緒に暮していたころの記憶を中心に、現在の自分自身の生活環境の報告を含めて書き送った手紙からなっている。そのなかの「第三通」の内容については先に紹介した通りである。下人譲状とともにこの八通の書状が書かれたのは建長八年(一二五六)から文永五年(一二六八)にかけてであり、恵信は七十五歳から八十七歳にかけての老齢の時期にあたる。後半期の手紙では、かなり老衰している様子がうかがわれるし、その後の日付の書状は存していないので、まもなく世を去ったのかもしれない。いずれにしろ恵信も親鸞と同様、九十歳近くまで長生きしたということになる。

最後の「無量寿経の音読仮名書三葉半」というのは、浄土三部経典の筆頭の位置を占める『無量寿経』を音読して仮名書きにした、一種の写経の断片である。それが和紙三葉半だけのこされていた。その部分は『無量寿経』本文の上巻の一部分にあたり、平仮名や片仮名または当て字で音読され書写されている。本文と対照すると脱漏もあり、訛ったところもある。

この断片資料は、これまで研究者たちにほとんど注目されてこなかった。それ自体が研究の対象とされることもなかったが、しかしわたしはかねてこれはきわめて重要な資料ではないかと思ってきた。とりわけさきにのべた「あま ゑしん」のありかを知るうえで、はなはだ示唆に富む素材であると思ってきた。夫の親鸞と生活をともにし、信仰をともにしていたパートナーとしての恵信を知るうえでも、決定的に重要な資料ではないかと考えてきたのである。

「書写断片」をどのようにみるか

「恵信尼文書」は前述の通り三部から構成されている。「譲状」「書状」「書写断片」の三部である。くり返していえばこれまでこの文書の研究は、前二者すなわち「譲状」と「書状」を中心に行なわれてきた。それに対して「書写断片」は単なる断簡としての扱いしかうけてこなかった。この断簡にそそがれた関心は微々たるものにすぎなかったのである。

そういうこともあったからだろう。研究者の間ではこの文書の全体を称して「恵信尼書簡」と呼ぶ場合がすくなくなかった。「恵信尼文書」と「恵信尼書簡」の二様の呼称が、ほぼ平行して使われてきたといっていい。その結果、「書状」のみを重視するあまり、「書写断片」のほうを軽視したり無視したりする傾向がみられるようになった。

しかし私は、そのような対し方はやはり根本的に誤っているのではないかと思うようになった。そのような態度はもしかすると、この「文書」を「恵信尼文書」と呼び慣わすことで陥るかもしれない不測の事態と同じ偏向を、「断片」自体の評価にももたらすのではないかとさえ危惧しているのである。

このような観点に立つとき、それでは我々の前にどのような研究上の新しい展望がひらけてくるのだろうか。「恵信尼文書」に登場する「あま ゑしん」の生活現場を、まず「書写断片」にもとづいて探ってみるという展望である。そしてそのことを前提にして、あらためて「譲状」と「書状」の世界に近づくという新しい方法がみえてくるはずである。

そのとき、「譲状」と「書状」に記されている恵信と覚信の関係、さらには親鸞を加えた家族全体の姿が、これまでとはまったく違った様相をみせて立ちのぼってくるかもしれない。「書写断片」は、それだけの資料的な重みを担ってわれわれの眼前にたたずんでいるとわたしは思っている。その断片は発見されてから今日まで、みずからは何ごとも語ることなく、ただ黙然とわれわれの前に立ちつくしていたのである。そうであれば、いまこそ「断片」そのものの素顔に近づいて、そこから語りかけてくるものに耳を傾けなければならない。必要とあれば、その「断片」を覆っているベールを剝ぎとってみなければならない。

文書の発見と研究

が、そのことの考察に入る前に、この文書が発見されるまでのいきさつについてもういちどふり返っておこう。文書そのものは、じつは長いあいだ表装もされず、そのままの形で後世に伝えられてきたようだ。

江戸時代の西本願寺の宝蔵の目録には「恵信尼公の御文　一通」とか、「恵信尼公御書七通」とか記されているものがあるという。その間、もちろん公開されるようなことはなかった。ところが大正十二年(一九二三)五月にいたり、さきにもふれたように鷲尾教導が恵信尼文書の研究を出版し、註を付してその全文を紹介した。それが一巻の巻子本《かんすぼん》に装幀されたのははるかに後年になってからであり、昭和五十年(一九七五)六月十二日、この文書は「恵信尼自筆書状類　覚信尼宛(十通)　一巻」として重要文化財に指定されたのである。

ここでとくに注意を喚起したいのが、重要文化財に指定されたときの、この文書に対する表記の仕方である。文書の全体を「自筆書状類」として一括し、「書写断片」の存在をわずかに「書状類」の「類」のなかに囲いこんで、ほとんど無視の態度をとっているということだ。「書写断片」が重要文化財指定の時点で、いってみれば「類」という員数外のカテゴリーに放りこまれてしまっている。その公式の処置が、その後における「恵信尼文書」研究の動向を定め、恵信尼研究における偏向を決定的なものにしてしまったのではないだろうか。

恵信の背景

ここで、いよいよ当の「書写断片」そのものの分析に入ることになるが、その前に「恵信尼」その人の出自について簡単に紹介しておこう。「書写断片」を書いた主人公の背景について、である。以下の記述は、主に昭和五十二年（一九七七）に発行された、重要文化財『恵信尼文書』の復刻版に付された宮崎圓遵《えんじゅん》の解説による。

本願寺第八世門主は蓮如であるが、その第十男の実悟がつくった大谷一流系図に、恵信尼は「兵部大輔三善《みよし》為教女」とある。親鸞が配流された越後国府の近在には豪族三善氏がいた。このことは、国府の南方、板倉町の山寺薬師の三尊胎内墨書銘やその鎮守日吉神社所蔵の神名帳などによって明らかである。恵信尼がはたしてこの三善氏の女であったのかどうか、かならずしも明証があるわけではない。けれども、恵信尼は晩年になってこの地方に下って生活しているし、その子女の多くも右の板倉町に住んでいる。そこから判断すれば、かの女がこの地方の出身であったと考えて大過ないだろう。

親鸞が、京都における念仏の弾圧によって国府に流罪になったのが承元元年（一二〇七）、——承元の法難といわれる事件がおこった年である。やがて恵信尼と結ばれたようだ。建暦元年（一二一一）三月に、信蓮房が誕生したことが恵信尼の書状（第五通）に見えるからである。ときに親鸞三十九歳。恵信は寿永元年(一一八二)の生まれというから、この年、三十歳である。そして同年十一月、親鸞の流罪は赦免された。

親鸞は赦免のあとも、しばらくのあいだ越後にとどまっていたが、建保二年(一二一四)になって夫妻で常陸に旅立つ。新天地で親鸞の布教活動が本格化していき、恵信もそのそばに侍して行をともにした。そうして二十年の歳月が経つ。

天福、文暦(一二三三―四)の頃、六十歳をこえたばかりの親鸞は帰洛を思い立ち、妻、恵信と子女をともなって京都にもどった。その後の京都における二十年ほどの夫妻の生活ははっきりしない。が、その間のある時点で、恵信は親鸞と別れて越後に帰っている。

なぜなら建長六年(一二五四)のころには、恵信尼はすでに越後にいたからだ。「恵信尼文書」に収められている「譲状」と「書状」はこの越後から送られたものだった。さきにもふれたが、その書状の日付が恵信尼七十五歳の建長八年から八十七歳の文永五年にいたるものであることが明らかだからである。

ちなみに、恵信尼がいつ、どこで親鸞の妻になったのかについても、二説が主張されてきた。親鸞が法然の門下に入ったころとする説と、越後への流罪後とする説である。が、この問題は当面の課題と直接かかわることがないので、これ以上はたち入らないことにする。

もっともこの両説は、恵信尼が京都育ちであったのか、それとも越後育ちだったのかという問題も含んでいるわけで、かの女の教養の質を問うときは無視できない点かもしれない。「文書」の筆跡やその表記の仕方などの分析をおこなう場合、一応は念頭においておかなければならない問題であるだろう。

「書写断片」の前に立つ

以上でわれわれはようやく、恵信尼によって書写された『無量寿経』断片の前に立つ準備ができたことになる。その場合、まず念頭においておかなければならない重要事項が、これを書写したのが恵信尼晩年の七十代から八十代にかけてのものだということである。それは奇しくも、京都にいる親鸞が『浄土和讃』『高僧和讃』『正像末浄土和讃』として知られる「和讃」の創作に全力を投入している時期と重なっていた。それが親鸞においても七十代から八十代にかけての仕事だった。その同じ時期に、恵信尼は恵信尼で、遠く越後の地にあって『無量寿経』の書写という仕事に精を出していたということになる。

京都における親鸞の「和讃」の制作、越後における恵信尼による『無量寿経』の「書

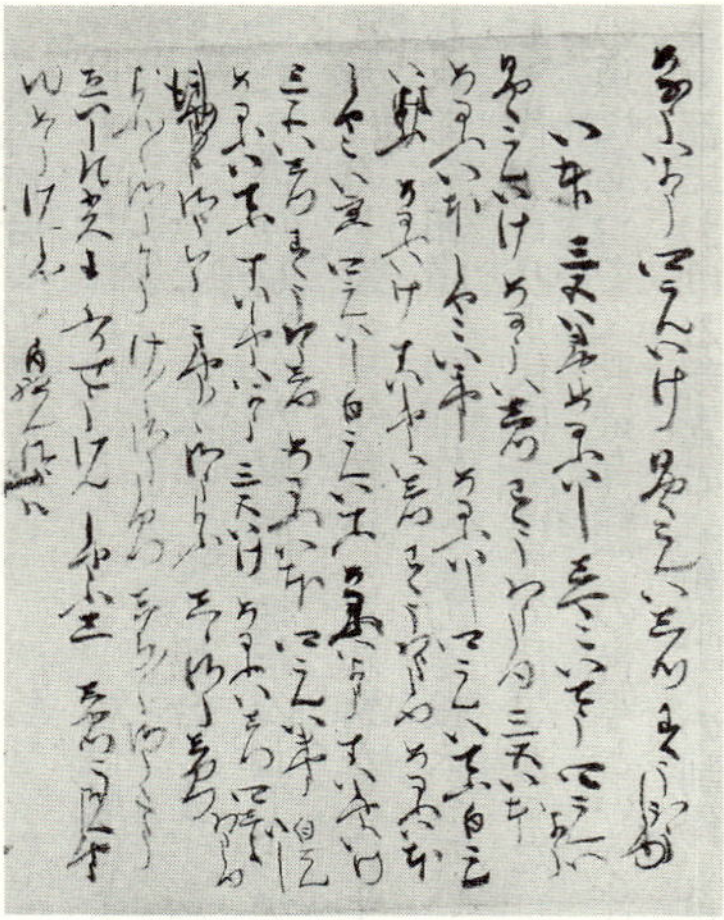

恵信尼「書写断片」(『恵信尼文書』西本願寺蔵より)

写」、である。それが、親鸞と恵信尼夫妻による、七十代から八十代にかけての日常的な仕事の一端だったということだ。わたしはそこに、単なる偶然をこえた象徴的な意味が隠されているのではないか、と考えているのである。

さて、そこで「書写断片」である。現存しているのは『無量寿経』を音読して仮名書きにした三葉半のみである。その三葉半が復刻版では一枚つづきに表装され、「文書」一巻の末尾に付されて、全体として一巻の巻子本に仕立てあげられている。

この「断片」の直前に、同じように一つづきに表装されている書状の最後の部分、すなわち第十通の末尾の紙が接続されている。とはいえ、この書状第十通と、音読仮名書きの三葉半の最初の一葉とのあいだには大きな継ぎ目があり、記述内容に断絶があることはいうまでもない。

その両者のあいだでは、書字の流れや字くばり、さらに墨の濃淡に若干の違いがみられるが、しかし同一人の筆跡であることはむろんまぎれもない。

文字づかいの癖

言葉づかいの中心は平仮名である。そこにときおり、ごく限られた漢字による表記が混じる。その漢字の表記には、一つの明瞭な傾向があることに気づく。それをはじめに確認しておこう。恵信尼における文字づかいの癖である。

まず、一、二、三、四、五、六……十、そして百、千、万の漢数字が多出する。そしてその多くが当て字である。はじめに正しく表記されている事例を数字の場合を含めてあげると、

一さい(一切)　二しゃ(二者)　八くとく(八功徳)
一しゅ(一種)　三しゃ(三者)　千おく(千億)
一しゃ(一者)　六こん(六根)　大しひ(大慈悲)

しかし、それ以上に多出するのが、漢数字の場合を含めて当て字の場合だ。

三五（珊瑚）
四こん（紫金）
五たう（其道）
四上仏たう（至成仏道）
二こんしやうてん《ママ》（耳根清徹）
神しほう人（甚深法忍）
六こん正てつ（六根清徹）
天天さう少（展転相勝）
少七ほうしゆ（諸七宝樹）

一しゅおん上（一種音声）
さい第一（最為第一）
しう光神せつ（縦広深浅）
そく四う四《ママ》（即至干勝？）
すいそく四郷（水即至頸）
上にやくむ行（浄若無形）
あん上てよせい（安諍徐勢）
しよ行四たう（所行之道）
くこく《ママ》女せ（具足如是）

ざっと、以上のごとくである。そこに頻出する尼の常用漢字を拾うと、一、二、三、四……百、千、万の数字。大、少、光、身、行、自、上、女、京、天などと並んで、衆、白、そして仏と神が比較的よく用いられている。とりわけ「成仏」を「上仏」と記し、「神通功徳」を「神つくとく」と表記しているところが印象にのこる。仏と神は正しく記されている。

なおそれらのなかにあって、若干特異な感じを与えているのが当て字としての「鄉」ではないか。たとえば

よくりやう四鄉（欲令至頸）
すいそく四鄉（水即至頸）

である。ほんのわずかの例であるが、この「鄉」には何らかの意味が含まれているのであろうか。ともかくその全体を眺めて、誤字と正字が入り混じっている光景が、それをどう解釈するかは別として、はなはだ興味深い。そこに、「あま ゑしん」の教養や生い立ちにかかわる背景の一齣《こま》をみることができるように思うからだ。貴族や武家、そして農民や都市民、といった身分や階層にかんする地域差なども横たわっているのかもしれない。「あま ゑしん」をどのような時代の座標軸に位置づけるか、といった問題も浮上してくるだろう。しかしここからだけでは、まだ何ごとも語りえないことはいうまでもない。「あま

ゑしん」のありかに近づくための入り口にやっとたどりついただけだ。

一字一字のエネルギー

けれどもわたしは、この「書写断片」の筆跡を追い、その文字づかいの一つひとつをたどっていくとき、いつのまにか胸が高鳴り、息苦しい思いにとりつかれるようになった。恵信尼の息づかいやその口元からこぼれることばの端々までがきこえてくるような気がしたからだ。

『無量寿経』を、低くつぶやくように唱えながら筆を動かし、言葉の一つひとつをゆっくり音読しながら書き写していく恵信尼の姿が眼前に立ちのぼってくる。そこから聞こえてくるのは、たんなる余暇のなかで、手すさびに経典の文字を写しとっている人間の声ではない。ときに念仏を唱え、ときに深い吐息をつきながら、一心不乱に書きついでいる老尼の姿が浮かび上ってくる。

この「断片」は、いったい誰が、どのようにして、娘・覚信尼のもとに送りとどけたのだろうか。おそらく「譲状」や「書状」といっしょにとどけられたのであろう。が、それにしてもこの「断片」は、はじめ全文の書写とともに存在していたのかどうか。一部のみ偶然にみつかったのか。反故《ほご》として打ち棄てられていたものをたまたま拾いあげたものか。そのようなことも、もちろん今日の段階からはわからない。

しかし、にもかかわらずわたしの想像は、その「断片」資料をめぐってどんどんふくらんでいく。その書写断片に記されている一字一字に引き寄せられ、そこに封じ込まれている筆者のエネルギーに惹きつけられていく。ときに、その書写断片こそ「恵信尼文書」のなかの白眉、と思わずにはいられなくなるのである。

さて、その「断片」にはどんな言葉が書きつけられているのか。書きのこされているのか。それが『無量寿経』(大無量寿経とも呼ばれる)の経文だった。本願寺教団が、浄土三部経典の筆頭にあげる代表的な大乗経典の一つである。親鸞もまた、そのように考えていたはずである。

三部経典とは、この『無量寿経』を中心に『観無量寿経』『阿弥陀経』を合して、そう呼ぶ。その『無量寿経』を「あまゑしん」も日常的に読誦《どくじゅ》していたということだ。その動かぬ証拠がこの「恵信尼文書」の末尾に付された「書写断片」の三葉半である。

まず、その「断片」がどのような形のものであるのか、どのような表情をみせているのか、実際にうかがってみることにしよう。

「音読無量寿経」

この「断片」に「音読無量寿経」の名を与えて、「恵信尼文書」全体の本文および解説とともに出版したのが、さきにもふれた宮崎圓遵だった。ここでは、同氏の校訂をへた「音読無量寿経」の冒頭部分（原文の十二行分）を、そのままの形で引用してみよう。平仮名本文が恵信尼による書写の再現、その右側に「無量寿経」原典の対応箇所を漢文のまま並記している。

碼　碯　為　葉　紫　金　為　華　白　銀　為　実　或　有　宝　樹
めなういよう　四こんいけ　ひやくこんいしつ　わくうほうしゆ

（水精）為本　珊　瑚　為　茎　碼　碯　為　枝　硨　磲　為　條　紫　金　為　葉
（　）い本　三五いきやう　めなふいし　しやこいてう　四こんいよう

白　銀　為　華　碼碯（瑠璃）　為　実　或　有　宝　樹　珊　瑚　為本
ひやくこんいけ　めなういしつ　わくうほうしゆ　三五い本

（碼碯為茎硨磲為枝）
碼碯為本硨磲為茎碼碯為枝紫金為條白銀
めなうい本　しやこいきやう　めなふいし　四こんいてふ　白こん
為葉碼（瑠璃）碯為華水精為実或有宝樹碼碯為本
いよふ　めなふいけ　すいしやういしつ　わくうほうしゆ　めなふい本
硨磲為茎紫金為枝白銀為條碼（瑠璃）碯為葉水精為華
しやこい京　四こんいし　白こんいてふ　めなふいよう　すいしよういけ
珊瑚為実或有宝樹碼（硨磲）碯為本紫金為茎白銀為枝
三五いしつ　わくうほうしゆ　めなふい本　四こんいきやう　白こんいし
碼（瑠璃）碯為條水精為葉珊瑚為茎（華）碼碯為実此諸宝樹
めなふいてふ　すいしやういよう　三五いけ　めなふいしつ　四しよほうしゆ
行行相値茎茎相望枝枝相準
きやう〳〵さうちう（ママ）　きやう〳〵さうもふ　し〻さうしゆつ（ママ）
葉葉相向華華相順実実相当
よふ〳〵さうかう　け〻さうしゆつ（ママ）　しち〳〵さうたう

栄色光耀不可勝視清風(発)時出五音声
ゑいしき光よ(ママ)　ふかせうけん(ママ)　しやふし(ママ)　しゆつこおんしやう
微妙宮商自然相和
ゆめうけんしやう(ママ)　自ねんさうハ

一心に経文を唱える声が聞こえる

右に引いたのは「書写断片」全七十三行のうち、冒頭の十二行分である。全体の約六分の一になる。この引用からだけでも、恵信尼が『無量寿経』を諳《そら》んじて音読していた情景を思い浮かべることができる。

記憶違いもあり、思い違いのまま覚えてしまった箇所も散見される。書写にあたっては、みられる通りほとんどが平仮名であるが、さきにのべたように随所に当て字が続出する。しかし、それにもかかわらずというか、あるいはそれだからこそというべきか、すでに老境に入っていた恵信尼の当時の「勤行《ごんぎょう》」のありさまが、そのまま眼前に彷彿する。その躍動する文字群が、問わず語りにそのような雰囲気を伝えている。恵信尼の口癖や口調、その声の抑揚や高低までがきこえてくるようだ。

『無量寿経』を音読によって読みあげている姿である。仏前にひざまずいて一心に経文を唱えている老尼の敬虔な姿である。

『無量寿経』の浄土

恵信尼が書写して残した「断片」についてであるが、この部分は『無量寿経』上巻の後半末尾に出現する。その部分は、人間が死後おもむくべき理想の国土のありさまが、まさに絢爛豪華というほかない多彩なレトリックによって重層的に描写されているところだ。理想の国土とは、阿弥陀仏の住む仏国土、すなわち安楽浄土のことである。

インドでつくられた浄土経典では、浄土とは西方十万億土のかなたに存在すると信じられ、説かれていた。西方十万億土といういい方からして、すでに現実離れした空想の楽土を想わせる。しかしインドの仏教とは、そのような形而上学的ともいうべき浄土の世界について、くり返し語りつづけ、ありとあらゆるイマジネーションをかきたてることをやめなかった。インド文明に流れる過激な空想癖、といっていいだろう。

その浄土に関する定型的な誇大描写が、浄土三部経典にも頻出する。その点では『阿弥陀経』も『観無量寿経』も、いま問題にしようとしている『無量寿経』も何ら異なるところがない。

恵信尼による「書写断片」が、浄土にかんするこの世のものとも思われない荘厳《しょうごん》のありさまを、そのままなぞるように記しているのである。その「断片」部分の直前には、次のような描写が出てくる。浄土という仏国土には、七宝に飾られた樹木が繁茂しているといっているところにまず注意してほしい。

> また、その国土、七宝のもろもろの樹ありて、あまねく(安楽)世界に満つ。金樹《こんじゅ》、銀樹《ごんじゅ》、瑠璃樹《るりじゅ》、玻瓈樹《はりじゅ》、珊瑚樹《さんごじゅ》、碼碯樹《めのうじゅ》、硨磲樹《しゃこじゅ》なり。あるいは二宝・三宝ないし七宝、うたたともに合成《ごうじょう》せり。
> (二宝のものとは)あるいは金樹に、銀の葉・華・果なるものあり。あるいは銀樹に、金の葉・華・果なるものあり。あるいは瑠璃樹に、玻瓈を葉とす、華・果もまたしかり。あるいは水精樹《すいしょうじゅ》に、瑠璃を葉とす、華・果もまたしかり。あるいは珊瑚樹に、碼碯を葉とす、華・果もまたしかり。あるいは碼碯樹に、瑠璃を葉とす、華・果もまたしかり。あるいは硨磲樹に、衆宝を葉とす、華・果もまたしかり。
> (七宝のものとは)あるいは宝樹ありて、紫金《しこん》を本とし、白銀《びゃくごん》を茎とし、瑠璃を枝とし、

水精を条《こえだ》とし、珊瑚を葉とし、碼碯を華とし、硨磲を実とす。あるいは宝樹ありて、白銀を本とし、瑠璃を茎とし、水精を枝とし、珊瑚を条とし、瑪碯を葉とし、硨磲を華とし、紫金を実とす。あるいは宝樹ありて、瑠璃を本とし、水精を茎とし、珊瑚を枝とし、……

（「無量寿経」『浄土三部経』(上)、中村元・早島鏡正・紀野一義訳註、岩波文庫）

この浄土賛美の文に、さきの「書写断片」の冒頭の部分がそのまま接続して、書きつがれていくのである。『無量寿経』をひたすら読誦している恵信尼が、そこに突然あらわれる。経文を詠みあげ、口ずさみながら書写をつづけている老尼の息づかいがきこえてくる。かの女は経文を口ずさみながら、ときに昂揚する気分に包まれることがあったのではないか。その一字一句を書き写しつつ、法悦のときを楽しんでいたのではないだろうか。それを音読しながら、経典の言葉を一つひとつほとんど語りかけるように、歌いあげながら書写していたように思う。

「書写断片」そのものに眼を近づけて平仮名の一字一句を追っていくとき、その筆跡から、その筆跡の行間から、老尼のひたすらな思いがこちら側に伝わってくる。かの女の情熱がほとばしりでてくるようだ。

いつ書かれたのか

さきにも記したが、恵信尼が「下人譲状」と八通の「書状」を娘の覚信尼に書き送ったのが、建長八年から文永五年にかけての時期だった。かの女の七十五歳から八十七歳にかけてのころだった。すでに老齢期に入っているが、その衰えの様子が「書状」の内容からもうかがえることは前にものべた。

ちなみに、夫・親鸞がこの世を去ったのが弘長二年十一月二十八日である。恵信尼八十七歳の時点から数えると六年前のことだ。だから「恵信尼文書」に収められている初期の「書状」はまだ親鸞が在世中のものであり、越後の地から京都の娘、覚信尼の手元に送りとどけたものだったことがわかる。

もしもそうであるとすると、この「恵信尼文書」に付されていた「書写断片」(音読無量寿経)も、ほぼそのころに書き写されていたと考えていいのではないだろうか。あるいは親鸞の死と前後するころ、といってもいい。書の流れや勢い、そして墨の濃淡に若干のズレのようなものがみられるにしても、この「書写断片」が「書状」八通のそれと同筆であることを否定する積極的な証拠も存在しないからだ。

たとえば梅原真隆も、その著『恵信尼文書の考究』のなかで恵信尼の「仮名写経」について ふれ、それが真筆であることを断言している。この「写経」がどのような理由のためにできたのか、推測する手がかりがないと嘆きつつも、それが恵信尼の筆であることは明白であるとして、いささかも疑ってはいない（専長寺文書伝道部発行所、一九五七年）。

もっともこの「書写断片」については、さきの宮崎圓遵の見方はやや慎重である。さきに引いた「解説」の末尾において、つぎのようにいっているからである。


この文の筆跡については、恵信尼の筆とするのが通説であり、それに関連していろいろ想像されている点があるが、また筆跡の断定には躊躇する説もないわけではない。かくて総じてこの写経の性格についてはなお問題が残っていないわけではないが、古来これは恵信尼の書状と共に伝持されてきたので、いまもこれを載せ、詳しくは後考を期したいと思う。（前掲）

「書写断片」を恵信尼の真筆とするのが通説であるが、なお断定するのを躊躇する説もあるという。躊躇する場合、それではどんなことが考えられるのか。さまざまな推測が可能であろうが、しかしこれといった説が主張されているわけでもない。それで宮崎説も通説にしたがっている。ここでは、その線で論をすすめていくほかはないだろう。

音読と和讃――響きあう声

さて、このようにみてくるとき、あらためて恵信尼が日ごろ『無量寿経』の音読、読誦に励んでいたであろう光景がよみ返って来る。恵信尼とかの女をとりまく家族や同信の人びとのあいだで、日夜、無量寿経や浄土経典の音読と読誦がごくふつうのこととしておこなわれていた雰囲気が自然に伝わってくる。

そして、そのころ親鸞は京都にあって、「和讃」の制作に全力を注いでいた。越後では、『無量寿経』の書写に専念している妻・恵信がいる。その妻・恵信のもとに、親鸞は自作の「和讃」を送りとどけていたのではないだろうか。もしもそうだとすれば、恵信尼の手元には『無量寿経』などの三部経典とともに、「和讃」もおかれていたはずである。

京都で、親鸞はみずからつくった七五調の「和讃」を舌の上にのせて口ずさむことがあっただろう。声高らかに音読することもあったにちがいない。念仏を唱えるように音読してそのなめらかなリズムの響きを確かめていたのではないか。人びとの心に快く響くように、その心のなかにしみ入っていくように、その効果を計算しながら、字句の彫琢に心をくだいていたとわたしは思う。とすれば、その親鸞の思いが、遠く越後に離れて住んではいても、妻の恵信に伝わらなかったはずはない。『無量寿経』を音読し書写している恵信が、ときに「和讃」の言葉を追い、その一字一句に目を近づけながら音読し、読誦している姿が、同時に浮かんでくるのである。七十の坂をこえた老夫婦が、遠く北国と西国に別れて住みながら、念仏三昧、法悦三昧の世界によろこびを分かち合っている姿である。

「和讃」を唱える親鸞の声が、『無量寿経』を音読する恵信尼の声に重なってきこえてくる。その向う側から、『無量寿経』を読誦する親鸞の声までが混じってきこえてくる。親鸞の晩年が、「和讃」の読誦を仲立ちとして恵信尼の晩年と響きあっている光景だ。『無量寿経』の仮名音読のイメージを通して、親鸞と恵信尼の心が響きあっているのである。

老いた親鸞のかたわらには覚信尼がいて、「和讃」を唱和し、越後にいる恵信尼のそばにはかの女をとりまくようにして子どもたちや側近の者たちがいて念仏を唱えていたであろう。恵信尼の声に和して、『無量寿経』を読誦する姿までがみえるようだ。

最晩年における親鸞のありか、である。同じ老年のなかにあって念仏の生活にひたりきっている恵信尼のありか、である。『無量寿経』を日夜音読し書写している「あまゑしん」のありか、である。

読経する親鸞

ここまでくるときわたしの念頭によみがえるのが、『無量寿経』をはじめとする浄土三部経典を一心不乱に読誦しつづけていた親鸞の姿である。妻・恵信尼の記憶に忘れがたく刻みつけられていた生前の親鸞の姿だ。「恵信尼文書」のなかに鮮やかな輪郭のもとに記されている、まだ若い時代の親鸞の振舞いである。

それが、この「文書」の第五通に出てくる印象的なエピソードである。これまでどれだけ多くの人びとがこの第五通の文書に注目し、その意義を解き明かすことに情熱を注いできたことか。「恵信尼文書」の筆者、恵信尼のありかを、親鸞における信仰の核心に結び付けようとする、「文書」中随一の、ハイライトの部分であったといっていいだろう。親鸞が衆生の利益のために、『無量寿経』を含む三部経の千部読誦をはじめた、という話である。さらにいえば、その千部読誦の努力が無駄であることを親鸞が自覚する契機になった、と解されてきた事件である。

ときは寛喜三年（一二三一）の四月、親鸞五十九歳のときだった。かれはそのとき風邪で床に臥していたが、高熱のなかで思わず『無量寿経』を読誦している幻覚を感じた。目を閉じると、経典の文字が一つひとつ輝くようにみえたのだという。その部分を「恵信尼文書」の原文によって確かめてみよう。

せんしん（善信）の御房　くわんき（寛喜）三年四月十四日　むま（午）の時はかりより、かざ（風邪）心ちすこしおぼえて、そのゆふ（夕）さりよりふ（臥）して、大事におはしますに、こしひざをもうたせず、てんせいかんびやう人をもよせず、たゞおともせずしてふ（臥）しておはしませば、御身をさぐれば、あたゝかなる事火のごとし。かしらのうたせ給事もなのめならず。さて、ふ（臥）して四日と申《もうす》あか月（暁）、くるしきに、まはさてあらんとおほせらるれば、なにごとぞ、たわごとゝにや、中事かと申せば、たわごとにてもなし。ふ（臥）して二日と申日より、大きやう（経）をよむ事ひまもなし。たまく〱めをふさげば、きやうのもんじの一時（字）ものこらず、きららかにつぶさにみゆる也。

（前掲（解説））

親鸞は高熱のなかで「大きやうをよむ事ひまもなし」の状態だった、といっている。目を閉じると幻覚があらわれ、経典の文字の一つひとつが「きらかにつぶさに」みえた、といっている。そのような親鸞の姿が恵信尼の筆で再現されている。

看病にあたった恵信尼は、そのときの体験を綴りながら、はっと気をとり直して反省する夫・親鸞の言葉を書きとめている。——自分には念仏のほか何も必要がなかったはずなのに、なぜ『無量寿経』をうわごとのなかで読みつづけたのか。だが、よくよく考えてみると、十七、八年前にも、衆生利益のためといって、三部経の千部読誦というのをぎょうぎょうしくはじめたことがあった。そのときも、何ということかと思い返してやめたことがあったが、どうやらそのときの気持がまだのこっていたようだ……。

千部読誦という執心自力

その夫・親鸞の言葉を紹介したあと、恵信尼の筆はつぎのようにつづく。

人のしうしんじりき(執心自力)のしん(心)は、よく〳〵しりよ(思慮)あるべしとおもひなしてのちは、きやう(経)よむことはとゞまりぬ。(前掲)

高熱を出した寛喜三年が親鸞五十九歳のときとすると、それより十七、八年前はかれの四十二、三歳ごろだったことがわかる。流罪地の越後から常陸へ移住し、ちょうど上野の国の佐貫という土地にいたころだった。まだ若かったためか、衆生のためと称して三部経典の千部読誦という自力の行をはじめたことがあった。何ということかと思い返し、そのときはそれでやめたが、それが十七、八年も経っていまだに自分の心にのこっていたことになる。自力を頼むことへの執心がいかにつよいか、思い知らされた、というのである。その忸怩《じくじ》たる反省の気持を「人のしうしんじりきのしん」という言葉で告白している。

この「恵信尼文書」(第五通)において語られているエピソードをどのように見るか。その親鸞の体験をどのように受けとったらよいのか、それがかれの信仰の核心にふれる問題であるだけに慎重を要するところだと思う。

一つひとつの言葉の表面を探っていけば、親鸞は四十代と五十代の経験をへて、自力の読誦から解放されて他力の信におもむいたということになるのだろう。自力執心から念仏の他力信心への転換を実現したということになる。これまでの多くの解釈や見方が、ほぼそのような線上で展開され論じられてきた。恵信尼のいう「よく〳〵しりよあるべしとおもひなしてのちは、きやうよむことはとゞまりぬ」を、そのように解釈してきた。親鸞はそのときを期して、無量寿経をはじめとする三部経の読誦をきっぱりやめてしまった、ということになる。

しかし、はたしてそうだろうか。恵信尼の文章はそこまで明示的にいい切っているのだろうか。わたしははなはだ疑わしいことだと思う。恵信尼の言葉をそのように受けとってしまうと、それはかの女が真に伝えたかったこととは別の、あまりにも一面的な方向にわれわれを導いてしまいかねないと思うからだ。

たしかにここで親鸞は、三部経の千部読誦という自力のむなしさ、そのような執心のはかなさということについて深く反省している。ひとたび千部読誦の有効性をみとめてしまえば、その経典読誦はさらに回を重ねる無限軌道の道をつき進んでいくであろう。かれの若き修行時代、すなわち比叡山で日夜くり返していたであろう経典読誦の方式への逆行、である。そのときの記憶がかれのからだのどこかにのこっていたということだろう。そのことの無効性を、かれはそのごの苦難の人生のなかでかみしめ、確かめてきたはずだった。が、高熱の幻覚のなかで、そのときの経験が不意によみがえったのである。

静かな念仏生活への希求

親鸞は、人間の心に潜んでいる「自力執心」がいかにつよいものであるかにおののいたのではないだろうか。自力執心にいつ足をとられるかもしれない人間の性に、怖れの気持を新たにしたはずだ。三部経の千部読誦とは、いったい何ということだと思い返し、そのような自力執心の発現に歯止めをかけねばならぬと考えたにちがいない。

あくまでも、千部読誦といった自力執心の手法を切り捨てよう、ということだったのだと思う。それは、かならずしも三部経の読誦そのものの禁止を宣言するものではなかったことに注意しなければならない。

大切なのは、自力執心から離陸した静かな念仏生活である。そのような生活のなかで、たとえば『無量寿経』の経文が自然に口をついて出てくる。三部経の文字群が吐息のようなリズムにのって流れ出す。そのような日常の経験はたんに親鸞だけのものではなかったであろう。それはむろん恵信尼のものでもあったはずだ。

「恵信尼文書」の末尾に付されている「書写断片」が新鮮な光を帯びて立ち上ってくるのが、そんなときである。『無量寿経』を静かに音読している老恵信尼の姿である。三部経典の読誦と念仏生活が、ほとんど水の流れるような日常的なライフスタイルになっている。それは自力執心の千部読誦、自力執心の念仏、といったようなものではなかったはずだ。恵信尼における『無量寿経』の音読と、若き時代の親鸞を苦しめた「三部経の千部読誦」の体験との間には大きなへだたりがある。

むろん晩年になって京都に移り住んでいる親鸞は、もはや常陸時代の親鸞ではない。三部経の千部読誦に知らず知らずのうちにのめりこんでいった時代の親鸞ではない。そのときから十七、八年たってもなお、夢のなかでそのような苦い体験の痕跡が生きつづけていることに身震いした親鸞でもないだろう。

和讃にみる歓喜の姿

京都に帰っていた親鸞は「和讃」の制作に没頭していた。「和讃」の世界に心を遊ばせて余念がなかった。自己の信心のありかを七五調のリズムにのせ、声に出して口ずさんでいる老親鸞の姿がみえるようだ。

和讃とは、平安時代からつくられはじめた謡物《うたいもの》の一種である。仏法を讃歎する法悦歌謡である。多くは七五調の形式をとり、親鸞の「和讃」はその四句を一首とし、仏祖や高僧、そしてその教えをほめ讃えるところに特色がある。

さきにもふれたように親鸞が「和讃」を書いたのが、宝治二年(一二四八)のことだった。『浄土和讃』と『高僧和讃』の二帖である。その後ほぼ十年の歳月をへて正嘉元年(一二五七)のころ、『正像末浄土和讃』が書かれることになる。このとき親鸞はすでに八十五歳。以上の三種の「和讃」を合せて、浄土真宗では「三帖《さんじょう》和讃」と称してきた。七十代後半から八十代前半にかけての親鸞晩年の大作である。そしてこの「和讃」執筆の時期が、「恵信尼文書」に収められている「書状」が書かれた時代と重なっているということについては、すでにのべたとおりである。

親鸞の「和讃」においては、懺悔を基調とする仏徳の讃仰、とりわけ阿弥陀如来を讃歎する宗教感情が自由に表現されている。それを諷誦し、朗唱し、読誦することによって、教えを民衆の心にとどけよう、浸透させようとしているともいえる。その和讃という形式をえて、親鸞は長いあいだ考えつづけ煮つめてきたことを一気に吐きだそうとしているようにみえる。

「三帖和讃」はこうして、分量においても内容においても主著とされてきた『教行信証』に匹敵する大作であるといわなければならない。しかも文意の分かりやすさと構成の明快さという点でいうと、『教行信証』をはるかにしのぐ完成度を示しているといえる。

かれの「和讃」は、『教行信証』執筆のあとをうけて一気呵成に、それこそ全力疾走のなかで書きあげられたかのような勢いを示しているのである。その衰えをしらぬ筆の勢いからみえてくるものは、わが身を自在に和讃のリズムにのせて語りつづける親鸞の歓喜にみちた姿である。中世における讃歎文学の傑作が、こうしてできあがったのである。かれはそのとき、『教行信証』の世界からはまったく自由になった時空間に躍りでようとしていたのだ。

自然法爾の風に吹かれて

歌う親鸞が、そこにいる。漢文脈の言葉によって救済を説く知識人の姿ではない。和歌を詠むように和讃の世界に遊んでいる親鸞の姿である。その晩年の親鸞が、遠く越後の地にあって『無量寿経』を音読している老恵信尼のシルエットと重なる。『無量寿経』の経文をひたすら平仮名で書写しつづけている年老いた「あま ゑしん」の姿とダブってみえてくる。その二人のたたずまいは、いわば学問の書として執筆された『教行信証』の世界とはまったく異質な雰囲気に包まれているのである。

このようにみてくるとき、「恵信尼文書」と親鸞の「和讃」の世界がたがいに微笑を交わし、親和の情を通わせている光景が浮かび上ってくる。「文書」の「書写断片」の背後からきこえてくる恵信尼の声が、時空をこえて「和讃」を読みあげている親鸞の声と響きあっている。いや、恵信尼が「和讃」の旋律を口にし、親鸞が『無量寿経』を無心に唱えている情景すらが、そこに混りあうのである。

もちろん「恵信尼文書」には、よく知られているように越後におけるきびしい生活環境のことが淡々と語られている。寒さと飢饉に苦しみ、わが道を行き悩む恵信尼自身とその一族の生活のありさまが素朴なタッチで記されている。子どもたち孫たちの成長ぶりが報告されるとともに、使っていた「下人」たちが死んだり逃亡したりする窮境も語られている。次第に老耄の度を加えていく自身のからだのことも、思わず口をついてほとばしりでる。

そのような生活のリアルな報告のなかで、若き日々をともに過した親鸞の思い出が綴られているのである。夫が比叡山を降りて六角堂にこもり、やがて法然の門に入ったころのこと、その親鸞を観音菩薩と信じ、あとにつきしたがって困難な人生を歩んできたこと、などである。その恵信尼が、いま老境に入り、念仏三昧の毎日を過している。親鸞のいう自然法爾《じねんほうに》の世界で『無量寿経』を音読し、その一字一句を口ずさみながら書写している恵信尼である。

自然法爾とは、最晩年の念仏生活を迎えて、親鸞が思わず口にした言葉である。「自然」も「法爾」も、その身そのままの姿で無上の仏になっていることだ、という。しかもその「無上仏」には姿もなければ形もない。一切の人間的なはからいを捨てて、阿弥陀如来に身をまかせきったときにあらわれる姿である。そうかれはいっている。自らを「愚禿《ぐとく》」と称した親鸞八十六歳のときの書簡に、そのような言葉が出てくるのである。

そして恵信尼もまた、そのような自然法爾の風に吹かれていたのではないだろうか。無上仏という、見たことも聞いたこともないような香気に包まれて呼吸していたのかもしれない。音読する『無量寿経』のリズムにわが身をまかせて、ほとんど歌いつづけている「あま ゑしん」のありかが、そこに見出されるのではないかと思うのである。

あとがき

親鸞という存在に出会ってから、ずい分長い時間が経った。感覚の上では、途方もない距離を歩いてきたように思う。

それは、わたしなりに起伏に富む旅だった。眼前にはこころを揺さぶられる光景がつぎつぎにあらわれ、数多くの忘れがたい人びとの記憶が横切っていった。

その親鸞の思考をみつめながら最初にとりつかれた主題が、かれの人生において悪と往生とは何か、ということだった。人間の根源悪とそこからの救済、という問題だった。その思考実験の跡を、七年前に『悪と往生――親鸞を裏切る『歎異抄』』(中公新書、二〇〇〇年一月)という形で世に問うた。

もうひとつ。その仕事をすすめていく過程で、胸のうちにふくらんできたテーマが、親鸞における浄土のイメージであった。かれの浄土観には、一種のゆらぎというか、微妙な変化がみとめられると思うようになったからである。そもそも、浄土をどのようにイメージするかは、仏教が日本列島人に語りかけた最大の問いだったと思う。そのことについて親鸞がはたしてどのように考えていたのか、その課題に直接答えるつもりで今年になってからまとめたのが『親鸞の浄土』(アートデイズ、二〇〇七年八月)という仕事だった。

こうして本書『親鸞をよむ』は、親鸞とつき合ってきたわたしの長い道程のなかでは三冊目の作品、ということになる。気持のうえでは、はるばる辿りついた岸辺と思わないわけではないが、前方をみればまだ長い坂道がどこまでもつづいている。思わず道端の草むらに腰を下ろしたくもなるのであるが、しかし親鸞の九十年という人生をあらためて眺望するとき、その足跡がゆるやかな円弧を描いて豊かな晩年を招き寄せていた姿がしだいにみえてきたのである。とりわけ、かれが心を許したパートナー、恵心尼との生活の息吹きまでがすぐそこまで伝わってくる。文字通り、同行二人の静かなシルエットといってもいいのであるが、その思いもかけなかった光景にしだいに惹きつけられるようになって、本書をここまで書き継いできたのである。

ともかくもこのような形で、「親鸞」三部作ともいうべき仕事をささやかながらしめくくることができたのは、ほんとうに僥倖というほかはない。それが可能になったのは、ひとえに早い時期からお勧めをいただいた編集部の高村幸治さんのご好意の賜物であり、本書をまとめるにあたり細かい心くばりで支えていただいた早坂ノゾミさんのおかげである。お二人には、こころからお礼を申しあげたいと思う。

平成一九年八月二七日

山折哲雄

山折哲雄

1931年生まれ，岩手県出身．東北大学卒業．
国立歴史民俗博物館教授，国際日本文化センター教授，同所長などを歴任．
宗教学者

著書ー『死の民俗学』
『近代日本人の宗教意識』(以上，岩波書店)
『日本人と浄土』(講談社)
『悪と往生』(中公新書)
『親鸞の浄土』(アートデイズ)ほか多数

親鸞をよむ　岩波新書(新赤版)1096

2007年10月19日　第1刷発行

著　者　山折哲雄《やまおりてつお》

発行者　山口昭男

発行所　株式会社 岩波書店
〒101-8002 東京都千代田区一ツ橋2-5-5
案内 03-5210-4000　販売部 03-5210-4111
http://www.iwanami.co.jp/

新書編集部 03-5210-4054
http://www.iwanamishinsho.com/

印刷製本・法令印刷　カバー・半七印刷

ISBN 978-4-00-431096-9　Printed in Japan

岩波新書新赤版一〇〇〇点に際して

ひとつの時代が終わったと言われて久しい。だが、その先にいかなる時代を展望するのか、私たちはその輪郭すら描きえていない。二〇世紀から持ち越した課題の多くは、未だ解決の緒を見つけることのできないままであり、二一世紀が新たに招きよせた問題も少なくない。グローバル資本主義の浸透、憎悪の連鎖、暴力の応酬——世界は混沌として深い不安の只中にある。

現代社会においては変化が常態となり、速さと新しさに絶対的な価値が与えられた。消費社会の深化と情報技術の革命は、種々の境界を無くし、人々の生活やコミュニケーションの様式を根底から変容させてきた。ライフスタイルは多様化し、一面では個人の生き方をそれぞれが選びとる時代が始まっている。同時に、新たな格差が生まれ、様々な次元での亀裂や分断が深まっている。社会や歴史に対する意識が揺らぎ、普遍的な理念に対する根本的な懐疑や、現実を変えることへの無力感がひそかに根を張りつつある。そして生きることに誰もが困難を覚える時代が到来している。

しかし、日常生活のそれぞれの場で、自由と民主主義を獲得し実践することを通じて、私たち自身がそうした閉塞を乗り超え、希望の時代の幕開けを告げてゆくことは不可能ではあるまい。そのために、いま求められていること——それは、個と個の間で開かれた対話を積み重ねながら、人間らしく生きることの条件について一人ひとりが粘り強く思考することではないか。その営みの糧となるものが、教養に外ならないと私たちは考える。歴史とは何か、よく生きるとはいかなることか、世界そして人間はどこへ向かうべきなのか——こうした根源的な問いとの格闘が、文化と知の厚みを作り出し、個人と社会を支える基盤としての教養となった。まさにそのような教養への道案内こそ、岩波新書が創刊以来、追求してきたことである。

岩波新書は、日中戦争下の一九三八年一一月に赤版として創刊された。創刊の辞は、道義の精神に則らない日本の行動を憂慮し、批判的精神と良心的行動の欠如を戒めつつ、現代人の現代的教養を刊行の目的とする、と謳っている。以後、青版、黄版、新赤版と装いを改めながら、合計二五〇〇点余りを世に問うてきた。そして、いままた新赤版が一〇〇〇点を迎えたのを機に、人間の理性と良心への信頼を再確認し、それに裏打ちされた文化を培っていく決意を込めて、新しい装丁のもとに再出発したいと思う。一冊一冊から吹き出す新風が一人でも多くの読者の許に届くこと、そして希望ある時代への想像力を豊かにかき立てることを切に願う。

（二〇〇六年四月）